AF464033

V

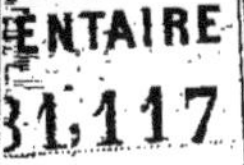

AUX ACTIONNAIRES

ET

PORTEURS D'OBLIGATIONS

DE LA

LIGNE D'ITALIE

COMPTE RENDU

DE L'ASSEMBLÉE DU 23 NOVEMBRE 1861

PARIS

IMPRIMERIE DE DUBUISSON ET COMP^e

Rue Coq-Héron, 5

1861

AUX ACTIONNAIRES

ET

PORTEURS D'OBLIGATIONS

DE LA

LIGNE D'ITALIE

COMPTE RENDU

DE

L'ASSEMBLÉE DU 23 NOVEMBRE 1861

PARIS

IMPRIMERIE DE DUBUISSON ET Cᵉ, 5, RUE COQ-HÉRON

1861

DÉCEMBRE 1861.

Au mois d'avril 1856, la création d'une ligne internationale, destinée à relier aux réseaux piémontais et lombard toutes les voies ferrées françaises ou suisses, rayonnant sur le lac de Genève, semblait offrir aux souscripteurs un placement dont les avantages devaient toujours aller croissant et n'avoir d'autres limites de progrès que le terme même des développements réservés au grand courant international à travers les Alpes, entre l'Italie, la Méditerranée, l'Orient d'un côté et l'Europe centrale de l'autre.

Les fondateurs de ce réseau, en lui donnant le nom de Ligne d'Italie, avaient heureusement désigné par ce titre la ligne par excellence entre Paris et Milan, la route la plus directe de l'Italie.

Ils avaient divisé leur création en deux parties : le chemin de fer de la vallée du Rhône entre le lac de Genève et le pied du Simplon, pour conduire, jusqu'aux dernières limites de la plaine et des vallées, le réseau en deçà des Alpes.

C'était la première partie formée de deux sections appartenant à un seul canton de la Suisse : le Valais.

L'autre partie se composait aussi de deux sections ; la première, la plus productive, la plus immédiatement nécessaire à la prospérité de l'entreprise, commençait au pied transalpin du Simplon à Domo d'Ossola jusqu'Arona, sur le lac Majeur, tête de ligne des voies ferrées piémontaises.

La seconde au sud du lac de Genève, dans le Chablais, appartenant à la France, était destinée à relier la Ligne d'Italie au chemin de Lyon à Genève sans le secours provisoire des bateaux à vapeur.

Dans la pensée des fondateurs, les sections de voie ferrée qui longeaient le lac de Genève et le lac Majeur devaient être construites les dernières par la Compagnie, et quant au passage de la montagne, il devait être réservé aux concours des Gouvernements intéressés.

La Ligne d'Italie, telle qu'elle est constituée aujourd'hui, étend son réseau sur le territoire de trois Etats. Il fallait simplifier la formation de la première Compagnie et sa constitution en société anonyme.

Les 115 kilomètres de la vallée du Rhône ont formé le premier noyau de la Ligne d'Italie. 25 millions étaient suffisants pour la construction de ces 115 kilomètres ; ils ont fait l'objet de la première souscription qui a donné près de trois fois le capital appelé, et la Société a reçu la consécration de son existence par l'homologation de ses statuts au Conseil d'Etat du Valais.

Sur les 25 millions formant ce capital social, 16 millions ont été versés, 2 millions sont restés à la souche par suite d'un malentendu ou d'une manœuvre, et 7 millions ont attendu une meilleure administration, la reprise des travaux, une garantie contre la déchéance pour s'engager dans la Ligne d'Italie.

Avant d'exiger les versements en retard dans les conditions rigoureuses prévues par les statuts, le Conseil d'administration avait jugé lui-même convenable de compléter le réseau conformément aux plans des fondateurs ; ils espéraient que l'agrandissement de ce réseau et l'augmentation du capital social par obligations, rendraient plus faciles les versements en retard ; ils ne supposaient pas alors que la dépréciation croissante des titres pourrait donner la pensée aux actionnaires non libérés de motiver entre autres raisons le refus des versements par le changement du contrat qui développait le chemin de fer à l'étranger avec un accroissement considérable de capital.

En effet, pour rendre possible l'exécution des nouvelles sections, le capital primitif de 25 millions était augmenté jusqu'à 60; 15 millions d'obligations étaient appelés et 20 millions étaient souscrits. Les actionnaires en retard, menacés d'une exécution, disaient : que si l'on avait maintenu et fait encaisser le capital primitif de 25 millions, en exécutant les deux sections du Valais, il n'y aurait pour eux ni déchéance à craindre, ni hypothèques à supporter.

Ce n'était certainement pas là le véritable motif du refus de versement ; ce refus venait de la dépréciation extraordinaire des titres qui ne permettait plus de compléter les versements avec avantage ou de trouver des acquéreurs pour les remplir, puisque les 300 francs encore dus par action suffisaient pour acheter, à la Bourse, deux actions entièrement libérées.

Cette dépréciation était attribuée dans la pensée des actionnaires à l'ajournement systématique des travaux et à la mauvaise administration, unanimement condamnée par l'opinion publique comme par le Message de l'Arrêté du Gouvernement suisse ?

Les efforts de l'Etat, les instances des fondateurs, les justes reproches des actionnaires étaient impuissants pour faire cesser l'interruption des travaux, et les administrateurs n'ont trouvé, pour répondre à de justes mécontentements, que la confiscation et l'exclusion de la Société des deux tiers des associés de la Compagnie, c'est-à-dire 50,000 actions. Une telle exécution faite dans de telles circonstances à la veille de trois déchéances, malgré l'opinion des créateurs et des conseils judiciaires de la Compagnie entraînait inévitablement des procès interminables, le retrait des obligations, la déchéance, la liquidation.

La majorité du Conseil d'administration, coupable de l'interruption des travaux, de la gestion désastreuse de la Compagnie, entendait réparer ses torts par l'exécution des actionnaires mécontents.

La majorité du Comité de direction voulait le prompt achèvement de la Ligne et une transaction qui rendait possibles les versements en retard.

Ces deux manières de voir si différentes ont établi, dans les pouvoirs de la Compagnie et parmi les actionnaires, une scission, une lutte qui a pris des proportions tout à fait inusitées dans les annales des chemins de fer.

La majorité du Conseil d'administration s'est livrée à une guerre d'intrigues, de manœuvres, de calomnies à laquelle le Gouvernement suisse a cru devoir mettre fin en révoquant ces administrateurs et en nommant une Commission de séquestre, dans laquelle il a placé la majorité du Comité de direction.

Les administrateurs révoqués en ont appelé aux actionnaires. Ils ont à grand' peine réuni, en y comprenant leurs actions et celles qui étaient confiées à la Compagnie, deux mille cinq cents actions, et ont fait voter par cette prétendue Assemblée l'approbation de leur conduite, après avoir interdit toute explication. Cette réunion a été annulée par un jugement passé en force de chose jugée.

Dix-sept mille actions, dont trois mille entièrement libérées, ont répondu à l'appel de la Commission de séquestre, qui, dans l'assemblée du 23 novembre, a déclaré vouloir répondre à toutes interpellations, toutes demandes d'éclaircissement.

Les anciens administrateurs, justement effrayés par le souvenir des assemblées précédentes, de toute réunion libre des actionnaires, ont déployé tout l'arsenal de leurs calomnies, mis en campagne toutes leurs protections, remué ciel et terre pour empêcher la réunion du 23 novembre.

Après cette réunion qui s'est montrée si unanime pour approuver les mesures protectrices du Gouvernement suisse et pour formuler contre les anciens administrateurs un blâme, une réprobation qui allaient jusqu'aux plaintes en police correctionnelle, si le bureau ne les avait empêchées, faut-il s'étonner que ces anciens administrateurs aient redouté encore plus la nouvelle Assemblée générale du 5 décembre, qu'ils aient fait pour l'empêcher des efforts désespérés (1) ? Faut-il s'étonner aussi que, connaissant l'étendue des responsabilités qu'ils ont encourues et des conséquences terribles de cette responsabilité, lorsqu'ils seront jugés par l'universalité des actionnaires ayant reconquis l'exercice de leurs droits, ils redoublent d'efforts pour faire disparaître les deux tiers de leurs juges et qu'ils ajoutent à toutes leurs fautes passées le tort grave d'employer en ce moment les fonds de la Compagnie, d'y puiser des sommes considérables, uniquement pour faire la guerre aux actionnaires, aux défenseurs qui veulent les sauver et au Gouvernement suisse, qui les protége avec tant de bienveillance par son Message et par son Arrêté, lorsqu'il pouvait prononcer la déchéance ?

Que les actionnaires se rassurent, si les administrateurs révoqués ont pu réussir à égarer la religion de quelques autorités administratives ou judiciaires, de quelques magistrats, il est bien rare que la vérité reste bien longtemps méconnue, et les actionnaires de la Ligne d'Italie obtiendront bientôt une justice éclatante pour la protection de leurs intérêts.

---

(1) Dans l'Assemblée illégale du 28 septembre dernier, les anciens administrateurs prétendaient avoir réuni environ 3,000 actions de 500 francs libérées, représentant 6,000 actions anciennes de 250 francs.

Le même nombre d'actions libérées se sont aussi rendues à l'appel de la Commission de séquestre.

En outre, plus de 11,000 actions non entièrement libérées et coupures d'actions de 500 libérées de 400 et d'actions de 250 libérées de 100 et de 150, ce qui forme un total de plus de dix-sept mille actions, qui devaient former l'Assemblée générale du 5 décembre, malgré les efforts tentés par les anciens administrateurs pour empêcher les dépôts.

De tels chiffres sont assez éloquents et répondent à toutes les allégations, à toutes les calomnies des membres du Conseil d'administration, remplacé par la Commission de séquestre.

Les administrateurs, en parvenant à obtenir l'ajournement de l'Assemblée générale, jusqu'à la décision du Gouvernement fédéral, n'ont pu changer la haute signification de ces chiffres, et le délai sollicité par eux ne saurait modifier en rien l'opinion des actionnaires sur l'administration passée.

COMPAGNIE

DE LA

LIGNE D'ITALIE.

ASSEMBLÉE DU 23 NOVEMBRE.

Les actionnaires et les obligationistes porteurs d'au moins dix actions de 250 francs ou de cinq actions ou obligations de 500 francs, ont été convoqués par la publicité à cette assemblée préparatoire.

Trois cents personnes environ composent la réunion.

A huit heures, les membres de la Commission de séquestre présents à Paris, ceux de la Commission nommée par l'Assemblée générale du 25 septembre 1860, prennent place au bureau.

Sur la demande du Président de la Commission de séquestre, M. le comte Adrien de La Valette, le Président de la Commission du 25 septembre, M. Duhousset, également membre de la Commission de séquestre, occupe le fauteuil.

Le bureau appelle, pour se compléter, deux des plus forts actionnaires présents : MM. Villers et Dréolle qui remplissent les fonctions de scrutateurs.

M. Godin est désigné comme Secrétaire de l'Assemblée.

M. DUHOUSSET, *Président*. Messieurs, nous vous avons réunis avant l'Assemblée générale, non sans efforts, c'est-à-dire non sans difficultés, car au moment où notre convocation a paru dans les journaux, des démarches actives ont été faites à la Préfecture de police pour empêcher la réunion de ce soir. Vos anciens administrateurs avaient la prétention qu'on ne peut réunir les actionnaires sans leur autorisation, et ils annonçaient que cette assemblée serait une assemblée de révolte et de tumulte.

Nous avons voulu réunir tous les intéressés à divers titres, actionnaires et porteurs d'obligations, non pour les préparer à la réunion générale indiquée pour le 5 décembre, mais pour les éclairer sur la situation présente. Nous allons, en conséquence, prier M. le Secrétaire de l'Assemblée de vous donner connaissance d'un Message du Conseil d'État au Grand-Conseil du Valais pour demander le séquestre de notre chemin de fer et de l'Arrêté qui a prononcé cette mesure.

Cet acte législatif, voté à l'unanimité au Grand-Conseil, a pour but unique, comme vous le verrez, de sauvegarder les intérêts des actionnaires et des porteurs d'obligations. (Marques d'assentiment.)

M. GOUIN, *Secrétaire de l'Assemblée*, donne lecture du Message (1) :

Après la lecture de ce document, qui a été écouté avec une grande attention, et produit une profonde sensation, M. le Secrétaire ajoute :

Nous craindrions d'abuser de votre temps, Messieurs, en vous lisant la délibération du Grand-Conseil. Cette délibération, du reste, a été suivie d'un vote unanime qui approuve le Message et l'arrêté du Conseil d'État, et leur donne la valeur d'une loi. Le Grand-Conseil du Valais est composé de 83 membres, et ces 83 membres ont tous adhéré aux propositions du Conseil d'État, sans distinction d'opinion, malgré toutes les tentatives faites pour diviser les voix.

Nous pensons qu'il est utile de vous offrir communication de l'Arrêté qui règle la situation future de la Compagnie. (Oui ! oui !)

LE SECRÉTAIRE donne lecture de l'Arrêté de séquestre, qui est accueilli avec des marques unanimes d'assentiment.

M. LE COMTE ADRIEN DE LA VALETTE, Président de la Commission de séquestre. — Lorsque vous venez d'entendre, Messieurs, la lecture de ce remarquable Message du Conseil d'Etat au grand Conseil et de l'Arrêté qui l'a suivi, lorsque vous venez de donner à ces deux actes législatifs une si éclatante et si unanime approbation ; il semble qu'il devrait être inutile de commenter ou de développer cet aperçu à la fois si lucide et si concis, des erreurs, des fautes, des désordres qui ont motivé l'intervention de l'Etat Suisse dans l'administration de la Compagnie ; il semble que le vote unanime du Grand-Conseil, devait mettre un terme à tous les calculs privés, à toutes les résistances personnelles et rendre à la chose sociale toute sa valeur, toute sa liberté ; il semble qu'il ne fallait plus qu'oublier un passé désastreux pour songer à reconstituer l'avenir de la Compagnie. On pouvait croire qu'il ne devait plus être nécessaire de rappeler des luttes stériles, de démontrer combien les personnes responsables de l'interruption des travaux, du discrédit des valeurs de la Société, responsables de cette administration *inqualifiable*, sévèrement condamnée par le Message, étaient devenues aussi impossibles en face des actionnaires qu'en présence de l'Etat protecteur de la Compagnie.

Mais les faits et les intentions ont été si étrangement dénaturés par la voie de la publicité ; on les a si audacieusement calomniés, que cette réunion était nécessaire pour donner aux obligationnistes et aux actionnaires quelques explications sur le passé de la Compagnie, sur les obstacles qui ont entravé le développement de la ligne, sur la bienveillante intervention de l'Etat, sur les conséquences des révoltes et des résistances des anciens administrateurs, sur les ressources, les produits

(1) Voir les pièces annexes.

et l'avenir assurés à la Compagnie par l'exécution de la ligne entière.

Les attaques et les calomnies des anciens administrateurs contre le gouvernement suisse qui nous a donné les premières concessions, qui nous a constitués en Société anonyme, contre le gouvernement de qui dépend notre existence légale et la conservation des propriétés de tous les intéressés de la Société, ont été distribuées avec une prodigalité sans exemple; ces attaques et ces calomnies sont répandues sous toutes les formes; ils assiégent les magistrats, importunent les ministres, et naguère encore, sous forme de mémoire, que l'on a justement qualifié de libelle, le gouvernement du Valais a été cité par les anciens administrateurs à la barre du gouvernement fédéral, avec le plus complet oubli du langage parlementaire et des égards dus à un gouvernement souverain.

Vous avez déjà vu, Messieurs, dans le Message et l'Arrêté, quelles étaient, pour vos intérêts actuels comme pour l'avenir du chemin, les intentions bienveillantes de ce gouvernement que les anciens administrateurs accusent si étrangement.

Vous trouvez une nouvelle preuve de ces intentions protectrices dans la composition même de la Commission de séquestre et de votre bureau à cette réunion.

Dans ce bureau, et dans cette administration du séquestre se trouvent, en effet, représentée par son Président la Commission des actionlaires nommés dans l'assemblée du 25 septembre 1860 et confirmée dans celle du 6 juin 1861.

Le Gouvernement a voulu y placer aussi les fondateurs de la ligne qui ne veulent ni confiscation, ni déchéance; il y a placé l'un des financiers les plus éminents de la Suisse, le directeur de la Banque cantonale du Valais.

Plusieurs des membres de la Commission du 25, en poursuivant la défense de vos intérêts gravement menacés, se sont rendus auprès des représentants les plus élevés du gouvernement du Valais, et, dans ce voyage, ils ont pu constater quelle était la véritable position de la Compagnie quelle était la sollicitude du gouvernement suisse pour tous les intérêts engagés dans la Ligne d'Italie.

L'Etat du Valais comprend l'exécution de la ligne entière comme les fondateurs l'ont conçue, comme peuvent le désirer les actionnaires les plus capables, les obligationistes les plus prévoyants.

Il faut remarquer, Messieurs, que, par une coïncidence en quelque sorte providentielle pour vous, les intérêts des actionnaires, des obligationnistes, les intérêts du gouvernement français, du gouvernement italien et du gouvernement suisse sont identiques, réclament le même plan, exigent la même marche et les mêmes moyens, se dirigent vers le même but.

La marche des travaux, l'emploi utile des millions de la Compagnie, la construction successive de chacune des sections, ne peuvent être utilement compris que de la même manière par ces divers intérêts.

Les trois gouvernements si particulièrement intéressés à l'exécution de la ligne d'Italie au Simplon doivent vouloir et veulent le prompt achèvement de cette voie ferrée; ils veulent que, de chaque côté des

Alpes, les wagons puissent arriver au pied de la montagne et que l'amélioration de la route au passage du Simplon, puisse combler la lacune jusqu'à l'exécution du souterrain qui doit réunir les réseaux de France et de Suisse à ceux d'Italie.

Aucun de ces gouvernements ne songe à demander à la Compagnie de faire la dépense du souterrain ou de la traversée de la montagne.

L'exécution de la ligne entière a été la pensée constante du gouvernement du Valais, qui a toujours compris cette question internationale dans ce qu'elle a de plus large, de plus élevé.

Entre ce gouvernement, qui a donné l'existence à votre Compagnie, celui d'Italie, qui a complété votre réseau, et le gouvernement de la France, représenté naguère avec tant d'éclat au centre même d'une section importante de notre ligne internationale, il ne peut exister aucune dissidence sur l'exécution de la voie ferrée européenne au Simplon.

Valaisans, Français, Italiens veulent la même chose, adoptent le même plan ; vos intérêts sont les mêmes que ceux des trois gouvernements ; les voies industrielles, les voies de grands courants de marchandises et de voyageurs, ont évidemment les mêmes directions que les voies stratégiques; l'achèvement et le succès de la Ligne d'Italie intéressent donc autant les États de chaque côté des Alpes que les actionnaires.

Oui, Messieurs, le prompt achèvement de la Ligne, c'est le salut des actionnaires et des obligationnistes, c'est la volonté des trois gouvernements protecteurs du réseau, c'est la pensée constante, le devoir impérieux, la récompense et l'honneur des fondateurs de la Ligne d'Italie.

(Très bien, très bien.)

Voilà le secret de cet accord parfait, constant entre les fondateurs de la Ligne d'Italie et les représentants si éclairés, si patriotiques du gouvernement du Valais.

Voilà les motifs, les raisons qui unissent ce gouvernement et les fondateurs contre toutes les entraves, contre toutes les personnes opposées jusqu'à ce jour à l'achèvement de notre chemin.

Jamais les fondateurs n'auraient accepté de faire partie de la Commission du séquestre si le séquestre n'avait pas été une mesure nécessaire de protection pour la Compagnie, et l'unique moyen de maintenir les concessions et d'assurer l'exécution de la Ligne entière.

Jamais, au milieu des luttes engagées, le gouvernement n'aurait mis les fondateurs dans la commission de séquestre s'il n'avait pas su combien ils voulaient à tout prix l'exécution de la Ligne entière, s'il n'avait pas connu tout ce qu'ils avaient fait dans le passé pour la création de leur œuvre, tout ce qu'ils pouvaient faire encore pour son achèvement.

La lecture du Message que vous venez d'entendre a dû vous convaincre que le gouvernement du Valais n'avait pas été un seul instant dirigé par une pensée de confiscation ; son but unique a été de sauvegarder vos intérêts, d'assurer l'exécution de vos plans.

Voilà pourquoi nous sommes avec lui de toutes les forces de notre cœur et de notre intelligence. Voila pourquoi le Gouvernement a choisi cette Commission de séquestre.

Voilà pourquoi nous éprouvons une surprise profonde de voir les anciens administrateurs sur une autre route, sur une route qui s'éloigne de plus en plus de vos intérêts comme de ce Gouvernement protecteur.

Nous défions que l'on trouve un seul actionnaire sérieux et intelligent restant, après le plus simple examen, en opposition avec les vues du gouvernement du Valais.

Permettez-nous de vous citer un seul fait, qui domine de bien haut tous ces bruits calomnieux, toutes ces attaques insensées jetées dans l'opinion publique et allant expirer avec l'escorte du mépris au pied des protecteurs bienveillants qui ont donné à vos intérêts compromis la double égide du Message et de l'Arrêté de séquestre.

Ce fait est l'abandon, par le Valais, de la moitié du capital social 12,500,000 fr. au profit des concessions destinées à compléter notre voie ferrée internationale.

Lorsque nous avons fait les nouveaux statuts, qui étendaient notre réseau sur le territoire italien, pour aller rejoindre, d'un côté, le canton de Genève, et de l'autre les voies ferrées piémontaises et lombardes, j'ai été chargé d'aller demander au gouvernement du Valais ces 12,500,000 fr. qui nous étaient indispensables pour consolider les nouvelles concessions du réseau de la Ligne d'Italie.

Comprenez-vous, Messieurs, une telle demande faite à un petit État, au moment où, en vertu de ces concessions, aux termes des statuts, cet état possédait bien légitimement les vingt-cinq millions appelés, pour exécuter le chemin de fer du lac de Genève au pied du Simplon?

Comprenez-vous ce petit État, ainsi que l'appellent nos adversaires avec un ridicule dédain, ce petit État, qui n'est certainement pas le plus riche des cantons de la Suisse, qui n'est pas accoutumé à trouver 12 millions dans tout le budget de son année, pour qui ces 12 millions sont plus qu'un demi-milliard dans le budget de la France; comprenez-nous cet État, modeste par son étendue et son trésor national, mais si grand par les sentiments et l'intelligence dans cette circonstance, ce modeste État auquel on va demander d'abandonner 12 millions, auquel on va demander de porter ces 12 millions en dehors de son territoire?

Une telle demande, dans la pensée des anciens administrateurs, était une négociation difficile, une négociation qui rencontrerait peut-être des obstacles insurmontables.

J'ai accepté sans hésitation de m'en charger, je l'ai accepté sans inquiétude; je connaissais le patriotisme et la haute intelligence des dépositaires de l'autorité en Valais; je connaissais les vues élevées, la complète capacité de l'homme d'État éminent qui présidait alors le Conseil d'État comme il le préside aujourd'hui.

Ma conviction et mes espérances n'ont pas été trompées; le simple exposé des plans, l'utilité de l'abandon de ces 12 millions pour assurer la continuation du réseau, ont suffi pour obtenir l'abandon spontané de ces 12 millions.

Les seules conditions réclamées ont été la restitution des 12 millions à leur destination primitive lors d'un prochain appel de fonds, et l'obligation ferme d'exécuter le chemin du Haut-Valais, sans lequel, évidemment, le reste du réseau n'avait plus de raison d'être.

Voilà, Messieurs, comment ce petit État, traité avec tant de dédain et si calomnié par les anciens administrateurs, a compris grandement, noblement, vos intérêts et l'exécution de tout le réseau de la Ligne d'Italie. (Très bien.)

Et quand ce Gouvernement, Messieurs, vient vous dire dans son message qu'il ne veut pas rendre les Actionnaires *responsables des fautes et de la mauvaise gestion* des administrateurs, qu'il ne veut pas compromettre *les intérêts des actionnaires et des porteurs d'obligations, qu'il entend leur donner aide et protection* contre des mandataires qui portent *le désordre et des éléments constants de scission dans la Société*, contre des mandataires *qui absorbent toutes les ressources de la Compagnie en frais d'administration*, contre des administrateurs *qui compromettent l'existence même de la Compagnie en l'exposant* par le retrait de l'homologation, à une déchéance imminente, par la violation continuelle des statuts, *par des luttes incessantes, par une administration inqualifiable, par des procédés* aussi inacceptables pour *le fonds, que par la forme, des procédés qui rendent finalement les rapports entre l'État et la Compagnie à peu près impossibles*.

Quand ce Gouvernement vient vous dire qu'il n'a employé la mesure du séquestre que pour sauvegarder vos intérêts; qu'il veut que vos capitaux servent à l'achèvement de votre chemin, de votre propriété, de votre gage, au lieu de laisser détourner ces capitaux pour des opérations de bourse, des escomptes de papier; lorsqu'il vous déclare solennellement, dans son Message, qu'il a voulu, par le séquestre, *vous donner aide et protection comme il se les doit à lui-même pour assurer l'exécution de la Ligne d'Italie*.

Lorsque ce Gouvernement vous déclare ses intentions bienveillantes dans un si noble langage, ah! vous ne pouvez plus croire aux indignes accusations de vos anciens mandataires; il ne peut plus exister dans vos esprits et dans vos cœurs, pour ce Gouvernement, que la confiance la plus entière et la gratitude la plus durable.

(Marques d'approbation.)

Vous savez maintenant, Messieurs, ce que voulait le Gouvernement du Valais quand il a formé votre commission de sequestre, quand il condamné et révoqué l'administration inqualifiable, qui, après avoir gaspillé pendant dix-sept mois, sans donner un coup de pioche, plus de deux millions en frais d'administration, d'intérêts, de procès et de calomnies, vont encore, par la résistance actuelle, par les entraves qu'elle oppose à la marche de la Société, à l'exécution des travaux, vous faire tomber dans d'irréparables déchéances, vous conduire à une désastreuse liquidation.

Que les mandataires révoqués cessent donc d'attaquer les intentions du Gouvernement suisse; qu'ils cessent de l'accuser de vouloir votre ruine, la confiscation de vos propriétés, lorsque ce Gouvernement vient vous défendre contre les auteurs de la déchéance, de la confiscation, de la ruine, et puisque vous avez à choisir entre ces mandataires et ce

Gouvernement, entre ceux qui vous ruinent et ceux qui vous sauvent, vous n'hésiterez pas. (Nombreuses marques d'assentiment.)

Quant à moi, Messieurs, permettez-moi de le dire, j'ai la foi la plus entière dans les bienveillantes intentions du gouvernement pour vos intérêts, comme la foi la plus vive dans l'avenir de la Ligne d'Italie et jamais, je le répète, je n'eusse accepté de faire partie de la Commission de séquestre si la Commission de séquestre n'avait pas eu pour unique mission, pour unique but : la sauvegarde de vos intérêts, le complet achèvement de la ligne.

J'adjure ceux des membres de votre Commission qui ont été en rapport avec le gouvernement du Valais et le gouvernement fédéral, j'adjure les mandataires fidèles et dévoués à vos intérêts le 25 septembre, les mandataire élus par les actionnaires et dont vous avez complété le mandat dans l'Assemblée le 6 juin ; je les adjure de dire s'ils n'ont pas trouvé partout, à Berne, à Sion, à Paris, dans le Gouvernement du Valais, un dévouement sincère à vos intérêts et le désir ardent de l'achèvement de tout le réseau de la Ligne d'Italie !

(Vifs applaudissements.)

M. LE PRÉSIDENT. La parole est au Rapporteur de la Commission nommé dans l'assemblée générale du 25 septembre.

LE RAPPORTEUR de la Commission. Messieurs, pour ceux d'entre vous qui n'assistaient pas aux précédentes réunions, et je dois reconnaître, en effet, que jamais nous n'avons vu une Assemblée aussi nombreuse que celle-ci, il est nécessaire de faire précéder la lecture du rapport qui va vous être soumis de quelques mots d'explication.

Vous venez d'entendre un des membres de la Commission de séquestre nommée au mois de septembre dernier, par un arrêté du Grand-Conseil d'Etat du canton du Valais. Vous avez vu par la lecture du message et de l'arrêté de ce gouvernement et par les explications que vient de vous présenter, avec une si profonde conviction, le président de la Commission de séquestre, M. le comte Adrien de La Valette, que l'ancienne administration a été remplacée par un nouveau pouvoir, par une Commission de séquestre émanant d'un acte législatif voté à l'unanimité par le Grand-Conseil du Valais ; ce nouveau pouvoir a marché parfaitement d'accord avec une autre Commission dont je suis l'organe.

Vous savez que, dans la réunion qui a eu lieu à Genève le 25 septembre 1860, dans cette réunion générale des actionnaires, la dernière qui ait eu lieu (car pour celle qui s'est tenue en septembre 1861 et qui n'était composée que de quelques élus seulement, elle n'avait aucun caractère légal), vous savez, dis-je, que, dans cette réunion du 25 septembre 1860, différentes propositions ont été votées. Voici comment s'exprime à l'égard de la neuvième de ces propositions le procès-verbal de la séance :

« Le rapporteur du Conseil fait connaître que la neuvième proposition a pour objet la nomination d'une Commission qui sera chargée, avec voix consultative, d'étudier, d'accord avec le Conseil d'administration auquel l'Assemblée vient de donner pleins pouvoirs, les modifications les plus avantageuses à opérer dans le chiffre du fonds social et le meilleur mode de conversion pour les titres. Il importe que cette Commission se livre dans un bref délai à cet examen, afin que le Conseil d'administration puisse prendre une prompte décision au moment même où il traitera avec le gouvernement français.

» Après diverses observations présentées par quelques membres, la résolution est arrêtée dans les termes suivants :

« L'Assemblée décide qu'une Commission de sept membres, ayant » voix consultative, sera chargée d'étudier et de présenter au Conseil » d'administration, dans un délai de deux mois, un mode de transfor- » mation du capital social et de libération. »

» Cette proposition, mise aux voix, est adoptée par l'Assemblée.

» Le président demande aux actionnaires présents de vouloir bien désigner les candidats pour la formation de cette Commission ; plusieurs membres proposés dans une liste s'excusent sur des impossibilités de temps, d'absence ou de connaissances spéciales. L'Assemblée consultée décide que la Commission sera composée de MM. Duhousset, Devaux, comte de La Pierre, de Teste, Letulle, Adolphe Blondeau et Mercier. »

C'est dans cette décision, Messieurs, que nous avons puisé les pouvoirs dont nous avons vainement tenté de faire usage. Nous étions rentrés à Paris, pleins de zèle et de bonnes dispositions pour remplir le mandat qui nous avait été confié, mais notre bonne volonté s'est brisée devant un refus systématique. Nous n'avons pu rien obtenir, aucune communication, aucun renseignement, de la majorité du Conseil d'Administration. Nous avons trouvé toutefois dans la majorité du Comité de direction toute la bonne volonté possible, un véritable et constant dévouement au salut social, et c'est à ce comité que nous devons les renseignements que nous avons eu l'honneur de vous soumettre le 6 juin dernier, dans la réunion de la salle Lemardelay.

C'est à cette réunion qui, vous le savez, Messieurs, n'avait rien d'officiel, et qui, comme celle-ci, était toute officieuse, c'est à cette seconde réunion du 6 juin que vous avez confirmé nos pouvoirs et ajouté un mandat nouveau à celui dont nous étions déjà chargés. C'est de ce mandat nouveau que nous allons tout à l'heure vous rendre compte dans le rapport que je vais avoir l'honneur de vous lire.

C'est une dépêche télégraphique qui a empêché l'exécution des actionnaires le 6 août, à la Bourse de Paris.

Le rapporteur lit l'Arrêté du Gouvernement du Valais (1).

Voici, Messieurs, les dispositifs du jugement rendu par le Tribunal de Martigny ; c'est la seule chose que vous ayez intérêt à connaître.

Le rapporteur donne lecture des considérants du jugement (2).

Ce mot contumace peut avoir besoin d'explication. On entend par contumace trois assignations successives, auxquelles ne répond pas celui qui est assigné. C'est un terme spécial à la législation du Valais.

(1-2) Voir aux pièces annexées.

En cette circonstance, nos adversaires se sont enferrés dans leur propre piége. Ils ont cru qu'après une troisième contumace ils avaient encore le droit d'appel; mais il s'est trouvé que, d'après la loi du Valais, la troisième contumace était définitive. Cette troisième contumace est ce qui répond chez nous au débouté congé au Tribunal de commerce.

Le rapporteur continue la lecture du jugement.

Voici maintenant, Messieurs, le certificat donné par le Président à la suite de ce jugement :

« Le Président du tribunal du district de Martigny certifie conformes aux » originaux les copies qui précèdent.
» Il déclare, de plus, que l'ancien Conseil d'administration ne s'étant pas » relevé du jugement contumace qui précède, en date du 6 novembre cou» rant, celui-ci est déclaré exécutoire.

» Martigny-Bourg, 10 novembre 1861.

» *Signé* : TAVERNIER, *Président*. »

Puis vient le certificat du Président qui constate l'exactitude de toutes ces pièces :

Il ne manque plus, Messieurs, à ce jugement, qu'une dernière formalité. Aux termes du traité de 1828, les jugements passés en force de chose jugée sont exécutoires de plein droit en France, moyennant une ordonnance d'exequatur pour laquelle nous sommes en instance. Telle est la situation.

Maintenant, Messieurs, que je vous ai donné ces explications préliminaires, vous comprendrez mieux le rapport dont je suis chargé de vous donner lecture ;

Ce rapport, interrompu plusieurs fois par des applaudissements, reçoit l'assentiment unanime de l'Assemblée (1).

Tel est, Messieurs, le rapport préparé par la Commission dont je faisais partie, et dont la lecture m'est incombée par la voie du sort. J'y ajoute quelques mots. J'ai fait tous mes efforts, et la commission tout entière (comme moi) a cherché comme moi à éviter, dans la rédaction de ce rapport, l'emploi de ces termes provocants, amers, que l'on ne nous a pas épargnés, à nous qui étions vos représentants, sentinelles avancées, que l'on n'a épargnés à aucun défenseur de vos intérêts ; c'est sur eux que l'on a tiré sans cesse. Chacun d'eux a été l'objet d'attaques perfides, incessantes, personnelles ; on est même allé jusqu'à rechercher dans notre passé ; on a par tous les moyens, essayé de salir ceux que vous aviez élus, ceux qui vous défendaient. Malgré tout cela, nous n'avons point reculé, nous avons marché en avant, nous avons continué avec fermeté, modération et calme, l'accomplisse-

(1) Voir aux pièces citées après le compte rendu de la séance.

ment de notre devoir. En face de la position que l'on nous a faite, au point de vue où nous nous trouvons placés, il eût été peut-être excusable de notre part que nous nous servissions de ces mêmes mots dont on nous avait appris l'usage, mais nous ne l'avons pas voulu, nous l'avons évité, nous nous sommes bornés à discuter toutes les allégations. Nous avons tenu, en un mot, à ce que ce rapport vous rendît compte seulement des faits graves qui vous intéressaient et fût rédigé dans des termes tels qu'il puisse être lu devant toute assemblée.

(Bravos! Très bien!)

Je ne pense pas qu'ici ce soit le lieu de venir échanger des injures, quels que soient l'irritation de vos esprits, le préjudice fait à nos intérêts, nous n'avons point l'intention d'augmenter une irritation déjà trop légitime; nous avons voulu seulement vous éclairer sur les faits, sur votre situation. Nous ne pouvions mieux faire qu'en vous donnant lecture des pièces que vous avez entendues. Vous avez entre les mains des documents importants. Je ne parle pas du rapport que je viens de vous soumettre, et dont je suis, tout le premier, disposé à faire bon marché. Mais vous avez le Message du Conseil d'État du Valais, son arrêté instituant une commission de séquestre, vous avez entendu le jugement du Tribunal de Martigny; ce sont là des documents dont on ne peut méconnaître l'importance, et pour qu'un gouvernement prenne les mesures que le Conseil d'État du Valais a prises, et que le Grand-Conseil a cru devoir approuver à l'unanimité, il faut bien qu'il y ait du vrai dans ce qui a été dit à la charge de nos adversaires. Je m'arrête. Je ne veux pas, dans cette réunion qui n'a rien d'officiel, nous lancer dans des révélations qui ne sont pas arrivées à maturité, mais en gardant le silence, j'ai voulu constater par cela même que la Commission a su rester dans les limites de modération et de calme qu'elle s'était imposées.

Je n'ai plus qu'un appel à faire à vous tous, Messieurs, c'est pour que cette modération dont nous avons fait preuve, dont nous vous donnons en ce moment l'exemple, soit aussi votre règle à tous. Nous avons de graves reproches à élever; mais ce n'est pas en exprimant par des injures son mécontentement qu'on peut prouver que l'on a raison et qu'on peut obtenir bonne justice. Comme en toutes circonstances, j'ai vu, à l'assemblée du 25 septembre, que ce ne sont pas ceux qui crient le plus fort qui ont le plus raison. Je n'étais rien dans la direction de vos affaires avant le 25 septembre 1860; je suis arrivé à Genève porteur de six cents actions, libre de tout engagement, ne connaissant personne. Je ne voulais que voir la lumière briller, prêt à accepter tout ce qui me paraîtrait juste. J'ai vu une assemblée où quelques membres semblaient vouloir mettre la violence à l'ordre du jour; eh bien! cela m'a conduit, tant la violence est une chose qui répugne à tout le monde, à me mettre contre ceux qui étaient violents. N'en auriez-vous pas fait autant? Si, au lieu d'un exposé calme, nous venions ici injurier nos adversaires comme ils le font eux-mêmes, croyez-vous que nous en aurions plus raison? Je ne le pense pas; la modération est la seule arme dont nous voulons nous servir pour combattre les calomnies de nos adversaires, ces calomnies ne méritent pas d'être réfutées. Nous avons promis que rien ne se passerait dans cette réunion qui pût motiver aucune intervention; il ne me reste qu'à prier l'Assemblée de rester dans les limites que nous avons promis d'observer. (Très bien! très bien! Applaudissements.)

M. ADRIEN DE LA VALETTE. Je m'associe de tout mon cœur aux paroles de modération que vous venez d'entendre; mais je demande pardon à l'Assemblée et à l'honorable rapporteur de la Commission du 25 septembre de ne pas être tout à fait d'accord avec lui sur la nécessité de passer sous silence les violentes attaques, les calomnies qui circulent en France, en Suisse et en Italie contre le Gouvernement du Valais, contre les Commissions qui secondent ses intentions bienveillantes, contre les fondateurs bien résolus à ne pas laisser ruiner les actionnaires et à réaliser l'achèvement de la Ligne d'Italie. Ces calomnies ne sont-elles pas funestes à tous les intérêts de la Compagnie.

Quant à moi, il ne m'est pas permis, pour mon honneur comme pour l'intérêt social, de tolérer ces attaques; il ne m'est pas permis de laisser dans vos esprits de fausses appréciations, il ne me convient pas de laisser impunis les calomniateurs.

Depuis plus d'un an, depuis que vos ennemis et les miens ont reçu des actionnaires, au 25 septembre, une si juste et si sévère leçon, une guerre étrange, déloyale, acharnée, a été faite aux deux tiers des actionnaires et à leurs défenseurs. Oui, Messieurs, pour avoir défendu vos intérêts et pour être bien résolus à les défendre encore, nous sommes poursuivis depuis un an par les plus honteuses agressions, par des injures anonymes, des calomnies semées dans l'ombre, des attaques perfides; et, depuis que le Gouvernement suisse a fait à mon collègue, l'ancien président du Conseil d'Etat du Valais, M. Claivaz et à moi, l'honneur de nous placer parmi les défenseurs de vos intérêts contre les anciens administrateurs, la fureur des agresseurs a redoublé; ils se sont ligués avec une ténacité infernale; ils ont employé toutes sortes de manœuvres. Chaque semaine, ce sont des attaques nouvelles, des allégations malveillantes, calomnieuses, des articles plus ou moins inconvenants, des lettres anonymes, des pamphlets et des libelles outrageants, dont les auteurs se cachent lâchement derrière l'anonyme ou des signatures de paille.

Et lorsque je cherche ces ennemis, ils fuient, ils se dérobent à tous mes efforts, à toutes mes recherches; lorsque je les interpelle en face, ils désavouent leurs attaques secrètes, ils s'éloignent, ils se refusent à toutes les explications que méritent de semblables attaques et ils ne me laissent d'autre ressource pour les atteindre que la plainte en police correctionnelle.

Au 28 septembre, malgré le Message et l'Arrêté de l'Etat, ils avaient formé une réunion d'amis, d'employés, de complaisants et de quelques actionnaires sérieux, laborieusement abusés par eux; l'on m'avait dit que je serais attaqué violemment, ouvertement dans cette réunion. J'allais donc trouver enfin une occasion de répondre, j'allais enfin voir tomber les masques des anonymes, j'allais rencontrer devant des témoins intéressés ces adversaires qui cachaient depuis si longtemps déjà leurs rancunes, leurs calculs, leurs vengeances; j'allais pouvoir répondre devant des actionnaires à ces ennemis qui, depuis la veille, répandaient à profusion, distribuaient même à la porte de la réunion le plus odieux des pamphlets.

Ces accusateurs anonymes, qui fuyaient toujours, j'allais les trouver assis sur les fauteuils du bureau de cette assemblée; là, du moins, ils seraient bien forcés de s'expliquer; ils ne pourraient plus fuir.

(Vive sensation.)

Je me suis présenté seul dans cette réunion, dont je connaissais parfaitement la composition, puisque j'avais dans mes mains un travail fait avec le plus grand soin et indiquant d'où venaient les actions, comment elles avaient été recueillies, à qui elles appartenaient et par qui elles étaient représentées; je savais que plus de la moitié de la réunion était composée d'amis d'employés, de porteurs complaisants; mais il y avait quelques actionnaires sérieux, cela me suffisait pour désirer d'y donner des éclaircissements dans l'intérêt social, et pour vouloir répondre, au nom de l'un des hommes d'État les plus considérés de la Suisse, de notre collègue M. Claivaz et au mien, à d'indignes attaques.

Avant de me donner la parole, l'on a exigé ma signature sur la feuille de présence; à cette condition, disait-on, je pourrais librement me faire entendre.

Lorsque j'ai réclamé avec insistance l'exercice de ce droit qui appartient à tout membre d'une réunion qui appartenait surtout dans les circonstances présentes à un administrateur du séquestre, les anciens administrateurs, malgré la modération courtoise de mon début, malgré la volonté d'une partie de l'assemblée, ne m'ont pas permis de répondre aux attaques, et cependant l'on avait préparé, dans le rapport contre M. Claivaz et contre moi, trois propositions, aussi puériles d'ailleurs qu'offensantes.

Ainsi l'on m'avait trompé en me faisant signer, et l'unique but de la signature demandée était de constater ma présence dans la réunion, et d'y faire figurer mes actions pour donner à cette réunion une légalité numérique que je me réserve de discuter en temps utile.

Un tel procédé ne pouvait pas d'ailleurs me surprendre de la part des calomniateurs anonymes. Je savais déjà de quoi ils étaient capables.

UNE VOIX. Ce sont des lâches ! !

M. ADRIEN DE LA VALETTE. Ce sont des calomniateurs! Quelle serait donc la durée de la calomnie et de ses auteurs s'ils n'avaient pas pour abri le silence, l'ombre et les faux-fuyant?

Vous connaissez, Messieurs, cette séance du 28 septembre; vous savez quelles propositions ont été votées, comment on les a votées sans examen; je ne parle pas des trois ridicules propositions qui font exclure d'un Conseil révoqué les administrateurs du séquestre venant remplacer ce Conseil. L'opinion publique a fait justice de ces trois mises hors la loi, provoquées par les anciens administrateurs contre leurs successeurs et leurs juges.

Mais ce qu'il faut consigner, ce qu'il faut recommander à l'attention et aux regrets des arbitres de Genève, c'est la manière expéditive avec laquelle on a exécuté sans examen, *sans phrases*, les 52,000 actions confiées par la sentence de Genève à la sollicitude des ci-devant administrateurs; et faut-il s'étonner que, pour ne pas troubler la quiétude et la conscience des spectateurs conviés à cette exécution, pouvant entraîner, du reste, une assez grave responsabilité, l'on ait fait jeté dans la rue le Message et l'Arrêté du Conseil d'Etat, et que l'on ait ajouté à toutes ces exécutions, ce triple et ridicule ostracisme contre les défenseurs des actionnaires contre des membres de la Commission du séquestre.

Mais il ne suffit pas toujours de vouloir une méchante action pour l'accomplir; il ne suffit pas de décréter des mises hors la loi pour que les condamnés soient exécutés.

Les 50,000 actions sont encore en pleine possession de leurs droits. Ces droits seront exercés à l'Assemblée du 5 décembre, et la Commission de séquestre, malgré sa mise hors la loi, remplace en ce moment le Conseil d'administration.

Aussi les brochures et les libelles anonymes continuent et se multiplient, toujours aux frais des actionnaires. On vient encore de me remettre un nouveau pamphlet. Je ne sais pas si celui-là coûte 7,000 f. à la Compagnie comme le premier, mais je dis que vous n'avez pas souscrit des actions et des obligations pour payer les pamphlétaires, pour répandre des libelles; pour aggraver par ces odieuses manœuvres, par ces écrits et cette publicité calomnieuse, les conditions déjà si désastreuses de votre discrédit et votre ruine, et pour solder, à 3 francs la ligne, des attaques contre le gouvernement de qui dépend l'existence de la Société, contre les actionnaires que des mandataires osent appeler des insolvables en révolte, et contre les défenseurs persévérants de tous les intérêts sociaux.

Voilà déjà environ 150,000 francs enlevés à votre capital, à vos fortunes privées, pour solder ces attaques, pour payer cette guerre désastreuse trop longtemps perpétuée contre vos intérêts, cette guerre impie faite contre vous avec vos propres fonds prodigués sans limite et sans frein.

(Mouvement.)

Mais ces administrateurs inamovibles, ces intrépides adversaires ont ici, nous le savons, des représentants, des adhérents. Que ces représentants se lèvent donc en leur nom, et si les accusations des libelles sont sincères, qu'ils le disent hautement, qu'ils se présentent sans hésiter : les actionnaires ont le droit de demander compte d'un mandat à tous leurs mandataires; je ne ferai défaut, quant à moi, à aucune interpellation.

Plus cette assemblée est nombreuse, plus je me sens fier et heureux d'y réclamer une sellette où je puisse enfin entendre formuler en face toutes les attaques, où je puisse enfin confondre tous les calomniateurs !

(Unanimes applaudissements, mouvement prolongé).

UN ACTIONNAIRE. Il faut mépriser de telles calomnies.

UN AUTRE ACTIONNAIRE. Il n'y a que des félicitations à vous adresser pour votre défense persévérante des actionnaires.

VOIX NOMBREUSES. Oui, oui, très bien, très bien. (Agitation.)

Un membre du bureau scrutateur dit qu'il n'a pas bien saisi ce qui vient d'être dit.

LE COLONEL DE LA PIERRE répond : « On a dit, Monsieur le » Président, qu'il n'ya que des félicitations à faire à M. de La Valette » pour sa persévérance à défendre les actionnaires et à sauver la Com- » pagnie. »

Les pamphlets anonymes, les libelles ne peuvent salir le calomnié; ils rejaillissent sur la joue de ceux qui les écrivent ou les commandent, et puisque cette joue se tient toujours si bien cachée, si bien abritée, puisqu'il n'y a pas moyen de dire en face à ces faiseurs de brochures anonymes ce qu'on doit penser d'eux, je le déclare ici bien haut, tous ces calomniateurs sont des lâches. S'il se trouve dans la salle quelques-uns de leurs amis, ils peuvent le leur dire de ma part !

PLUSIEURS VOIX. Bravo ! bravo ! (Vive agitation.)

M. GENESTAT. Je n'ai pas l'intention de discuter le rapport qui vous a été lu et les explications verbales qui vous ont été données, mais je me préoccupe des conclusions qu'il doit avoir.

On nous a cité un acte législatif et des jugements, je demande quelle exécution l'on a donnée à cet acte, à ces jugements.

Le séquestre est une mesure grave, importante, qui impose une lourde responsabilité et cause de grands devoirs. L'on a bien fait de tenter un résultat amiable envers les anciens administrateurs qui résistent, mais il ne faut point s'arrêter devant les résistances; il importe de prendre des mesures énergiques pour obtenir un résultat définitif, pour faire cesser l'anarchie et le désordre que l'on nous a signalés.

Je demanderai donc quelques explications à cet égard. Je désirerais savoir ce qui a été fait, ou du moins quelles peuvent être nos espérances.

M. ADRIEN DE LA VALETTE. Vous n'avez pas perdu de vue, Messieurs, les condition dans lesquelles se trouve la Compagnie; vous savez quels sont les chemins de fer qui forment le réseau de la Ligne d'Italie; c'est une ligne internationale, qui a son centre dans le Valais, mais dont les développements s'étendent en Piémont et aussi en France par suite de l'annexion de la Savoie.

Depuis l'annexion, il a été fait à la Compagnie de la Ligne d'Italie une situation qui n'est certes pas ordinaire dans les chemins de fer, et qui nous a, par suite, occasionné de grandes difficultés, au milieu des conflits étranges et violents que vous connaissez. C'est le seul chemin de fer en Europe qui développe son réseau sur le territoire de trois

États. Mais cette même situation qui nous créé en ce moment des entraves renferme de puissants élémenrs de prospérité.

En Suisse même, par la rédaction des statuts, nous avons affaire à deux cantons qui n'ont pas toujours la même manière de voir. Nous ne trouvons pas à Genève les mêmes idées, les mêmes dispositions que dans le Valais! De là des tiraillements, des lenteurs que nous ne pouvons toujours vaincre aussi promptement que nous le voudrions. En Valais, on comprend que la Ligne n'est pas moins favorable à la Suisse qu'à la France et à l'Italie et nous y trouvons la plus bienveillante protection.

Vous connaissez tous, Messieurs, les divers chemins de fer dont se compose notre réseau international, et les plans qui devaient assurer l'exécution rapide de la ligne entière; nous avions en caisse les fonds nécessaires pour rendre possible par la construction des sections les plus importantes, l'appel du capital complémentaire; les travaux pouvaient être conduits avec activité sur les deux sections les plus importantes. En Suisse et en Italie, notre situation, était excellente, lorsque, l'année dernière, j'eus l'honneur, avec mon collègue, M. Clairvaz, de recevoir, sur les bateaux de la Société, l'Empereur, à l'époque de son voyage en Savoie, de son passage à Thonon.

Cette heureuse circonstance et les dispositions manifestées par le chef de l'État en faveur d'une ligne dont il avait compris toute l'importance, ajoutent encore à nos espérances comme à notre crédit.

La direction de la Ligne d'Italie, en dehors du territoire de Genève, nous a créé dans cette ville quelques hostilités. En Italie, comme en France, les conflits de la Compagnie ont excité de grandes défiances, des mécontements légitimes; mais les anciens administrateurs ont eu beau promettre à chacun des trois gouvernements tous les millions de la Compagnie; ces états ont bien compris qu'avec dix millions l'on ne pouvait exécuter trente millions de travaux; que d'ailleurs personne n'avait qualité pour disposer de ces millions, en présence d'une déchéance, d'une liquidation. Ils ont compris que les conflits existants n'étaient pas de nature à préparer l'achèvement de la Ligne, à rendre possible l'appel du capital complémentaire.

La Compagnie a son existence statutaire dans le canton du Valais, et le gouvernement du Valais, qui a constitué la Société en Compagnié anonyme. peut retirer son homologation.

L'existence qui est faite à la Compagnie par le Gouvernement, la représentation qui lui est donnée, sont les seules qui lui appartiennent aussi à l'étranger. Mais on vous l'a déjà dit, Messieurs, pour vaincre toutes les résistances aux actes législatifs et aux jugements mêmes de la Suisse. Il faut, en France comme en Italie, une ordonnance d'exéquatur.

Les anciens administrateurs ont épuisé toutes les formules d'ajournement en Valais. Ce n'est que le 11 novembre, que le jugement définitif en Valais a été rendu. Ce jugement, passé maintenant en force de chose jugée, n'était pas nécessaire pour confirmer l'existence et les pouvoirs de la Commission de séquestre, émanant d'un acte législatif. Mais il pouvait devenir indispensable en France, devant les résistances acharnées groupées autour des millions de la Société.

Plusieurs d'entre vous, Messieurs, savent que la Commission de séquestre n'a pas perdu un seul jour, une heure et qu'elle a fait tout ce qui dépendait d'elle pour abréger des retards, pour vaincre des obstacles qui aggravaient si dangereusement les responsabilités encourues par les anciens administrateurs.

Ces administrrteurs révoqués n'ont reculé devant aucun moyen pour conserver le pouvoir.

Ils s'étaient flattés que, dans un pays modeste par les habitudes, par les fortunes, l'argent pouvait tout obtenir, et ils ont donné le scandale de promesses et d'offres qui n'ont obtenu que l'indignation.

Les offres individuelles comme les offres publiques n'ont exercé aucune séduction, n'ont réalisé aucun résultat, et l'on a vu le patriotisme de quatre-vingts députés voter à l'unanimité la fin d'une administration désastreuse pour la Compagnie.

Bien plus, les agents de la Compagnie, en parcourant le pays à grand fracas, ont pu voir que le patriotisme restait sourd à toutes leurs séductions ; ils n'ont pas même réussi dans le moment, tant l'indignation était grande, à trouver un seul avocat. C'est en vain qu'ils ont offert des billets de banque ; aucun avocat n'a voulu se charger de leur cause à l'époque de la réunion du Grand-Conseil. Et c'est à grand'peine qu'ils ont trouvé depuis un représantant en Valais.

De tels faits, Messieurs, ne sont-ils pas les condamnations les plus sévères de vos anciens mandataires, et l'honneur du petit État qu'ils ont tant dédaigné et calomnié?

(Très bien ! très bien !)

Une sentence définitive a été enfin rendue à Martigny, dans les circonstances que vous savez ; il ne nous reste plus qu'à obtenir l'exéquatur des tribunaux français. Mardi prochain, votre cause sera appelée devant le tribunal de la Seine. Nous voulons croire que nos adversaires ne fuieront pas cette fois encore, que nous les trouverons devant une juridiction compétente, et que la décision du tribunal mettra fin à ces atermoiements, à ces lenteurs, à ces fuites calculées qui vous ruinent, qui ruinent votre Société.

(Marques d'approbation.)

Nous espérons que mardi vos adversaires seront réduits à ne plus contester vos droits et à ne plus méconnaître davantage vos intérêts. Il n'y aura plus d'atermoiements à opposer à un jugement qui les condamnera du moins au respect des intérêts sacrés qui leur étaient confiés, et qui réclamaient toute leur sollicitude.

Ce jugement mettra fin à toutes les intrigues, à toutes les manœuvres, à toutes ces fins de non-recevoir qui paralysent votre marche et qui ne peuvent avoir d'autre résultat que de consommer votre ruine. Ce jugement, nous l'espérons, viendra confirmer nos explications, sanctionner l'acte législatif et assurer à l'autorité de la chose jugée tous ses effets ;

Il mettra fin à toutes ces luttes stériles, à toutes ces accusations publiques, à toutes ces attaques personnelles, à toutes ces calomnies anonymes dont nous nous préoccuperions moins, si elles n'étaient pas si funestes aux intérêts de notre Compagnie si elles n'avaient point pour mobile et pour but de maintenir le gouvernail aux mains de mandataires qui vous conduisaient au naufrage et qui semblent en ce moment vouloir faire échouer votre navire plutôt que de le rendre.

(Applaudissements.)

M. ADRIEN DE LA VALETTE. Messieurs, je vous remercie vivement des marques de sympathie que vous voulez bien me donner; permettez-moi aussi de remplir un autre devoir de gratitude, de réparer un oubli, et d'acquitter une dette qui nous est commune et de vous dire combien vos conseils de Suisse et de Paris se sont dévoués avec ardeur à la défense de vos intérêts.

Nous avons providentiellement ici l'habile et savant avocat, qui s est dévoué avec autant d'énergie que de persévérance à sauvegarder les intérêts des actionnaires, conjointement avec les membres des commissions de séquestre et celle du 25 septembre, unies par une même pensée, M. Dupont (de Bussac), au sujet du conflit qui s'est élevé entre l'ancienne administration et les actionnaires, a fait un Mémoire très remarquable, qui avait fait une profonde impression en Suisse, et qui aurait dû obtenir devant les arbitres de Genève le même succès que devant le Grand-Conseil. Il a fait aussi un travail très sérieux et très complet sur les questions de droit international que soulève l'anonymat et la nationalité de la Compagnie et sur toutes les conséquences que l'arrêt de séquestre doit légalement obtenir en France.

Je suis convaincu qu'il voudra bien donner à l'Assemblée quelques détails sur la question judiciaire, sur ce que nous avons fait et sur ce qui nous reste à faire pour assurer devant la justice ce triomphe de vos droits. (Marques d'assentiment.)

M. DUPONT (de Bussac). La question que me pose M. de la Valette est assez embarrassante. Il faudrait savoir au juste sur quel point vous désirez des explications ; autrement il serait très difficile, sans faire un long discours, de vous mettre au courant de toutes les difficultés qui ont surgi dans cette affaire ; elle soulève des questions trop graves pour qu'il soit possible ici de les traiter complétement.

M. de la Valette, dans les explications chaleureuses qu'il vous a données, vient de vous dire en abrégé tout ce que je pourrais vous dire moi-même sur ces questions; cependant j'essaierai de vous faire comprendre la marche légale que nous avons été obligés de suivre.

Après avoir obtenu en Valais la mesure du séquestre, nous nous trouvâmes en présence d'une situation assez difficile en apparence.

Quand nous avons conseillé le séquestre, il n'était pas douteux pour nous, qu'en vertu de la loi du 30 mai 1857 sur les sociétés anonymes étrangères, l'Arrêté du gouvernement du Valais devait être regardé comme légal et valable en France ; cette loi de 1857, en matière de sociétés anonymes, délègue aux gouvernements étrangers la souveraineté que le gouvernement français s'était jusqu'alors exclusivement réservée.

Les actes des gouvernements étrangers, en ce qui touche les sociétés anonymes étrangères, sont donc valables en France, non par l'effet seul de la volonté de ces gouvernements, mais par l'effet du consentement du gouvernement français donné à l'avance pour valider ces actes.

Cependant, il s'agissait d'un arrêté étranger. Pour éviter toute difficulté, nous avons voulu mettre l'arrêté de séquestre sous la protection du traité international du 18 juillet 1828.—Par ce traité, les jugements *définitifs*, rendus par les tribunaux suisses, sont exécutoires en France. Nous avons alors obtenu des tribunaux du Valais des jugements définitifs qui ordonnent, contre l'ancien Conseil d'administration, l'exécution complète de toutes les dispositions de l'arrêté de séquestre. Ces jugements n'ont plus besoin que d'être revêtus, en France, de la simple formule du *pareatis*.

Ces jugements vous serviront encore dans les divers cantons de la Suisse et surtout à Genève, où nous avions lieu de craindre que l'exécution de l'arrêté de séquestre ne rencontrât une résistance assez obstinée.

Chaque canton a le privilége exclusif de sa souveraineté et ne peut être tenu de prêter les mains à l'exécution d'actes administratifs émanés du gouvernement d'un autre canton. Mais si cela existe, en matière d'administration politique ou civile, il n'en est pas de même en ce qui touche les actes judiciaires. La constitution fédérale déclare qu'un jugement rendu dans un canton est exécutoire dans tous les cantons, aussi bien que dans celui où il a été rendu, à la seule condition d'obtenir la formule du *pareatis*, qui ne peut être refusée.

Tel nous a paru le moyen de résoudre toutes les difficultés qui pourraient se présenter à nous, soit en France, soit à Genève. Nous avons dit : le jugement définitif, passé en force de chose jugée qui sera exécutoire en France, en vertu du traité de 1828, le sera également à Genève, en vertu de la Constitution fédérale ; — c'est alors que nous avons commencé la procédure dont on vous a parlé.

Voulez-vous savoir maintenant comment cette procédure, dans laquelle nous sommes entrés, par les raisons que je viens d'exposer, nous a conduits à une sentence définitive? J'essayerai de vous le dire, quoiqu'il soit assez difficile d'exposer tous les détails d'une procédure étrangère.

DE TOUS COTÉS. Parlez ! parlez !

M. DUPONT (de Bussac). — Dans le Valais, il n'y a pas de procédure, comme en France, par ministère d'avoués; il n'y a pas d'avoué. Mais à côté du Tribunal, et pour ainsi dire sur le seuil même du Tribunal, il y a un juge chargé de faire l'instruction de chaque affaire, dans l'intérêt de toutes les parties. On va chez lui; on lui explique, on lui déclare qu'on veut intenter telle demande contre telle personne; le juge consigne sur un registre la demande et ses motifs; puis il rédige l'exploit, le signe et le fait signifier, par son huissier, à la partie adverse — Ainsi le juge est assuré que l'exploit sera fidèlement remis à la partie assignée. — Dès lors si cette partie assignée fait défaut, elle ne pourra pas s'excuser en disant : Je n'ai pas reçu la citation.

Nos adversaires n'ont pas répondu à la première assignation ; alors est intervenu une première contumace, sur laquelle il est toujours possible de revenir. Le juge indique les délais dans lesquels le jugement signifié doit être frappé d'opposition ; et c'est alors à la partie condamnée, si elle n'entend pas acquiescer au jugement, à former son opposition dans le délai indiqué par le juge.

Nos adversaires n'ont pas fait opposition ; on leur a donné assignation à comparaître de nouveau dans les termes voulus. Ils n'ont pas comparu plus que la première fois. Un second jugement par contumace a été rendu, et celui-là est définitif pour cette première phase de la procédure. Il n'est pas possible, en effet, qu'une procédure soit sans terme ; tout procès doit avoir une fin.

(Très bien !)

Mais quels sont les effets de ces deux contumaces prononcées contre vos adversaires par le juge d'instruction ? — Il faut vous dire que le juge d'instruction est en même temps juge de toutes les questions qu'on nomme exceptions, questions de nullité préliminaires des citations, questions de compétence ; c'est devant lui seul qu'elles doivent d'abord être portées. Il n'est pas juge souverain ; le tribunal peut être saisi à son tour des mêmes questions par voie d'appel. Mais la première chose à faire pour que l'appel soit recevable, c'est de paraître devant le juge d'instruction. Si vous avez laissé passer deux citations sans y répondre, si les deux contumaces ont été prononcées, toute exception d'incompétence est et demeure forclose, et la procédure au fond doit suivre son cours. Telle est sous ce rapport votre situation. Aucune exception d'incompétence ne peut être plus invoquée et reçue. Aujourd'hui le tribunal de Martigny est compétent, aucune contestation ne peut plus s'élever légalement sur ce point.

Après ces deux contumaces, la loi permet au demandeur de se présenter devant le tribunal, et de lui dire : J'ai pour adversaire un homme qui ne veut pas plaider ; jugez mon affaire dans l'état où elle est ; plaidons au fond. La commission de séquestre a suivi cette marche, elle s'est présentée devant le tribunal de Martigny, et là, elle a demandé à plaider au fond, et a fait prendre, en son nom, des conclusions qu'on vous a lues.

Devant ce tribunal, vos adversaires ont encore fait défaut. Dans le Valais, cette nouvelle contumace n'est pas encore définitive. J'espère que la loi a de la patience.

(Rires.)

Quand cette première contumace est prononcée, le défendeur est déchu du droit d'appeler au tribunal supérieur ; mais il a encore le droit de se faire relever de la contumace par le tribunal même qui l'a prononcée. Alors, le juge qui a prononcé la contumace assigne un délai dans lequel la partie condamnée, si elle veut se relever, devra se présenter devant la justice.

Tout cela a été fait. Les juges qui ont prononcé cette première contumace ont assigné à vos adversaires un délai. Ceux-ci ont encore une fois laissé passer le délai, et maintenant, d'après la loi valaisane, il n'est pas de puissance au monde qui puisse reformer le jugement prononcé.

Voilà, si j'ai pu faire comprendre cette procédure simple, rationnelle, mais étrangère à nos habitudes (oui! oui! très bien!) voilà votre position judiciaire. Dans cette situation, nous allons à Genève et nous disons : Maintenant que nous avons un jugement d'un tribunal du Valais, un jugement définitif, vous allez l'exécuter et il est impossible au tribunal de Genève de s'y refuser. Vous aurez ainsi vos bureaux de Genève et vos bateaux du Lac. Seulement, je vous recommanderai un peu patience : dans les affaires, ce n'est pas comme à la guerre ; une position ue peut s'emportée par un coup de main, par un élan de courage. En affaires, il faut se plier aux formes; aux délais, et nous en avons encore aujourd'hui quelques délais à subir.

Voilà votre position à l'égard du canton de Genève.

Quant à la France, notre situation était meilleure qu'à Genève; mais comme toute décision humaine est toujours incertaine et comme l'habitude des affaires, nous apprend que les choses tournent souvent de la façon la plus inattendue, nous avons dit : Il faut prendre toutes les précautions possibles et venir non-seulement avec une arme, mais avec un bouclier.

Aujourd'hui nous pouvons dire aux tribunaux français : Voici un arrêté de séquestre rendu par le gouvernement de qui la Compagnie tient son existence; nous en demandons l'exécution; voici une commission nommée par cet Arrêté, nous demandons que ses pouvoirs soient reconnus; voici un jugement devenu définitif : nous demandons qu'il soit exécuté.

De sorte que d'un côté ou de l'autre, vous aurez le résultat que nous cherchons pour vous.

Vous dire comment, par quelles combinaisons de lois, l'arrêté suisse peut être rendu exécutable en France quoique émané d'un gouvernement étranger; mais ce serait peut-être un peu long; si vous le voulez, cependant?

(Non! non! très bien!)

Tels sont, Messieurs, nos efforts pour triompher, l'arrêté de séquestre que le Gouvernement du Valais a rendu dans l'intérêt commun d l'État, de la Société et des porteurs d'obligations. La Commission de séquestre et moi, nous n'avons pu faire mieux.

(Très bien! très bien!)

Vos marques de sympaties pour nos travaux sont déjà une récompense. La meilleure récompense pour le succès définitif de nos efforts et le salut de nos intérêts.

(Très bien! très bien!)

M. PREVET. On a réveillé, ou du moins on a rappelé, une lutte qui, je l'espère, va bientôt cesser; après le rapport de la Commission, les pièces qui viennent d'être lues et les brillantes explications qui nous ont été données, nous ne pouvons nous méprendre sur la situation dans laquelle la Compagnie se trouve placée; il me paraît tout à fait nécessaire d'arriver à un résultat, c'est-à-dire de prendre une décision. On nous a dit que cette réunion avait pour but de nous préparer à la réunion du 5 décembre. Ce que je désirerais savoir, c'est par quels moyens on se propose de régulariser la situation nouvelle. Conservera-t-on le séquestre? Organisera-t-on une administration nouvelle? Quelle situation sera faite aux porteurs d'actions non libérées?

J'ai la confiance que les choses seront régularisées comme elles doivent l'être; mais je voudrais voir, dès à présent, la discussion prendre une forme plus nette, plus précise. Si quelques propositions ont déjà été élaborées, préparées sur toutes ces questions, je demande qu'on veuille bien nous les faire connaître, afin que nous puissions les étudier et arriver à la réunion officielle du 5 décembre, puis à la discussion et au vote.

(Marques d'assentiment.)

LE RAPPORTEUR de la Commission. La convocation actuelle, vous vous le rappelez, Messieurs, a précisément pour objet d'examiner la question que vient deposer l'honorable M. Prevet. En conséquence, nous le remercions d'avoir provoqué des explications sur ce point, qui doit maintenant nous occuper.

Je ne vous dirai plus rien des instances engagées, du Message, de l'Arrêté du Conseil d'État du Valais, des jugements rendus à Martigny; tout est maintenant compris. Cependant, il faut encore dire un mot de l'Arrêté dont vous avez à assurer l'exécution, en ce qui concerne l'art. 6, ainsi conçu : « Les droits et les intérêts des actionnaires, des porteurs » d'obligations et des tiers, sont et demeurent formellement réservés. »

Puis vient l'art. 7 :

Vous le voyez, Messieurs, parallèlement aux décisions judiciaires, dont nous attendons de bons résultats, vous avez aussi, pour votre compte, des décisions à prendre, et toutes ces décisions recevront également leur exécution, car c'est en vertu de l'arrêté prononçant le séquestre que vous allez les prendre. Mais vous devez comprendre qu'il n'est pas possible d'improviser à 200 ou 250 une rédaction comme celle que demande le Conseil d'État du Valais. Et nous, Messieurs, investis d'un mandat spécial par l'assemblée du 25 septembre 1860 et celle du 6 juin 1861, il ne pouvait pas entrer dans notre pensée de nous ériger en rédacteurs de votre nouvelle charte. Cette réunion a donc pour objet la constitution d'une commission plus complète, et que vous investirez spécialement du mandat de préparer cette rédaction.

Si, afin de ne pas perdre de temps dans le choix des membres qui devront composer cette commission, vous croyez devoir déléguer ce travail à la commission de séquestre et à la commission nommée à

Genève en septembre 1860, il suffirait alors de nous adjoindre deux ou trois membres nouveaux qui, s'occupant avec nous de l'exécution des deux articles de l'arrêté de séquestre dont je viens de vous donner lecture, nous aideraient à faire quelque chose de plus complet et de plus digne de vous être soumis.

Je ne saurais trop insister à ce sujet. Certainement c'est quelque chose de sérieux qu'une décision arbitrale, qu'un jugement à Martigny, mais il y a quelque chose de bien plus important, c'est une décision des actionnaires qui est au-dessus de tous les administrateurs et de toutes les commissions de séquestre; car en définitive, celle-ci n'a qu'un temps, tandis que vous autres, noyau de la Compagnie, vous avez la prétention de vivre plus que les pouvoirs qui nous gouvernent, de faire quelque chose d'utile et d'arriver, en rédigeant vos nouveaux statuts, à rendre à votre œuvre toute sa force et toute sa vitalité.

Nous ne pouvons prendre sur nous de résoudre les questions posées par les articles que je viens de lire; il y aurait de notre part témérité; nous n'avons pas mandat. Mais nous sommes tout prêts à nous en occuper, et pour cela, nous ne demandons que votre encouragement et l'adjonction de quelques membres qui viendront se joindre à nous. Il y a un vieux proverbe qui dit : « Aide-toi, le ciel t'aidera. »

Eh bien! Messieurs, ce proverbe n'a jamais mieux trouvé son application qu'ici. Aidez-vous, sortez de cette situation, qui n'est pas tenable. Je m'occupe très peu de tous ces procès; délibérez, mais défendez vos intérêts engagés, compromis; et puisque le navire est abandonné ou trahi par ses pilotes, c'est à nous de le sauver en faisant respecter les droits et prévaloir les vrais intérêts de la Compagnie. Nous sommes ici pour cela.

(Très bien! très bien!)

UN MEMBRE : Je crois, Messieurs, que ce qu'il y a de mieux à faire, c'est de confirmer la Commission dans tous les pouvoirs qui lui ont été précédemment conférés, de lui en donner de plus grands, de plus étendus, si cela est nécessaire, et de lui adjoindre deux membres qui, sans lui apporter, je crois, de nouvelles lumières, l'aideront au moins à préparer les propositions qui doivent nous être soumises dans la prochaine Assemblée générale. Je demande que cette proposition soit mise aux voix.

(Oui! oui! Appuyé!)

M. LE PRÉSIDENT. D'autres membres ont encore demandé la parole.

UN MEMBRE. Je désirerais quelques détails de plus sur le débat qui s'est élevé au sein de la Commission, au sujet des actions non libérées; quelles sont les objections des adversaires que la Commission a rencontrés? Ne pourrait-on enfin nous renseigner plus complétement sur le but, le mobile des hostilités de certains administrateurs, sur la cause de la scission qui s'est opérée au sein de l'administration?

M. GENESTAL. Des explications ont déjà été données sur une partie de ces questions; il est en outre des détails dans lesquels il serait trop long et peu convenable d'entrer en séance publique. Quant aux mesures à prendre en faveur des intérêts de la Compagnie, et pour régulariser la position des divers intéressés, ce sont là choses qui appartiennent à la Commission et dont il faut lui laisser le soin.

M. ADRIEN DE LA VALETTE. Mon sentiment, Messieurs, est qu'on ne forme pas une Compagnie comme celle-ci sans assumer une grande responsabilité, sans contracter de graves devoirs, des devoirs qu'il faut remplir aux dépens même de son repos et de sa fortune, qu'il faut remplir envers tous ceux qui ont eu confiance dans l'œuvre créée en y engageant une partie de leur fortune.

J'ai fondé la Ligne d'Italie pour réaliser, entre la France, la Suisse et l'Italie, une voie internationale destinée à devenir un lien puissant entre ces trois peuples. J'ai toujours eu la foi la plus vive dans l'importance et l'avenir de cette ligne; et mes ennemis dans leurs attaques ont pris soin de démontrer eux-mêmes quelle était la vivacité de cette foi, l'ardeur de ces convictions.

Les plus éminents financiers reconnaissent aujourd'hui que les fondateurs et les souscripteurs ne s'étaient pas trompés dans leurs prévisions sur l'avenir de la Ligne d'Italie; ils reconnaissent que nous possédons l'une des premières voies ferrées de l'Europe. J'ai eu le malheur, peut-être, de faire partager trop facilement ma foi, mes convictions, car j'ai vu souscrire à mon appel plus de trois fois le capital demandé. Il faut cependant le reconnaître, les souscripteurs n'avaient pas été trompés par leurs instincts ou par leurs études. La Ligne d'Italie peut tenir plus que nous n'avons promis, et c'est à l'*inqualifiable administration*, sévèrement condamnée per le Message, qu'il faudrait demander compte de l'excessive dépréciation des titres, des retards désastreux, des dangers de déchéance.

Pour moi, j'ai pris au sérieux ma responsabilité vis-à-vis de tous les capitaux engagés, et tant que ces capitaux ne sont pas sauvés, tant qu'il se trouvera des obstacles et des ennemis pour les compromettre, je croirai de mon devoir de lutter et de vous consacrer toutes les forces de mon intelligence et de mon cœur.

Mes amis savent seuls tout ce que me coûte déjà cette défense persévérante.

Je vous dois mon temps, ma fortune et c'est pour cela qu'en dehors de mon intérêt particulier, indépendamment de ce que je suis, comme vous, actionnaire, le plus fort actionnaire peut-être, le plus intéressé dans l'avenir et le succès de la Ligne d'Italie. Je me crois particulièrement tenu de chercher à sauvegarder tous les intérêts, les intérêts de tous ceux qui ont apporté leurs capitaux, une portion de leur fortune dans cette affaire. C'est pour cela que je me suis regardé, que je me regarde comme responsable des pertes que pouvaient subir vos actions, que je me suis regardé comme obligé de prendre la défense de la Compagnie contre tous ceux qui avaient les mêmes devoirs que moi, et qui ont trahi ces devoirs, contre ces mandataires qui avaient accepté de nous seconder et qui, sans égards pour les intérêts sacrés qui nous étaient confiés, au mépris de leurs engagements, de leur mandat, ont traité la Compagnie comme une propriété privée et n'ont pas craint de porter la division et le désordre dans l'administration, de paralyser les bonnes volontés les plus utiles, les efforts les plus féconds, et de jeter sans cesse aux propositions les plus urgentes un non systématique, inspiré par la vanité, les calculs privés ou les ressentiments.

C'est en vain que mon collègue, M. Claivaz et moi, nous avons fait appel à la conciliation ; c'est en vain que nous avons signalé le danger de ces luttes toujours provoquées par nos adversaires, que nous avons montré le péril de cette opposition perpétuelle, de ces ajournements interminables, c'est en vain qu'effrayés de toutes les conséquences des retards d'exécution, qu'indignés de ces prétextes étranges pour immobiliser les fonds dans une caisse privée, nous avons réclamé avec énergie la fin des luttes stériles, l'exécution des diverses sections du réseau. C'est en vain que nous avons invoqué nos droits, nos devoirs de Directeur pour agir, la majorité du Conseil invoquait, contre nos efforts, la raison du nombre et fermait aux travaux la caisse possédée par un membre de cette majorité.

Vous saurez peut-être quelque jour le secret des influences fatales qui ont maintenu les millions de la Compagnie dans des opérations de Bourse, des escomptes de banque, en ne faisant exécuter que 64 kilomètres de chemin en cinq années, avec huit millions de frais généraux ou d'intérêts. Vous saurez alors à qui vous devez demander compte de ces huit millions, de huit millions qui représentent 40 kilomètres de notre chemin de fer.

Est-ce donc pour des opérations de Bourse, pour des escomptes de papier qui n'ont pas rapporté plus de deux pour cent dans notre dernier inventaire, que vous avez souscrit des actions, des obligations, que vous avez engagé votre fortune?

(Voix nombreuses ! non ! non !)

Les deux directeurs ont été violemment accusés par la majorité du Conseil. Mais ils ont surtout été accusés sous le masque de l'anonyme.

Que les anciens administrateurs viennent donc porter ici devant vous, devant la prochaine assemblée générale, leurs accusations. Ne me suis-je pas rendu moi-même dans les réunions qu'ils avaient préparées avec tant de soin. J'ai provoqué leurs attaques: je me suis mis à la disposition de toutes les interpellations ; j'étais seul ; il y avait une dizaine de personnes au bureau. Ce bureau m'a fait signer la feuille de présence pour avoir, disait-on, le droit de me faire entendre, et puis l'on m'a refusé la parole, l'on m'a dit qu'il était inutile de continuer les explications, que ce n'était pas l'objet de la réunion.

Comment, lorsque des actionnaires sont réunis une fois par an, lorsque leur fortune est compromise, lorsque leurs titres sont tous devenus sans valeur, lorsqu'il s'agit de voter l'exécution de deux tiers des associés de la Compagnie, il ne faut pas d'explications, d'éclaircissements, il ne faut pas rechercher les causes et les auteurs de cette ruine, et une véritable assemblée d'actionnaires accepterait ce silence, ces fins de non recevoir? Ah! c'est bien là la preuve que l'assemblée du 28 septembre dernier n'était pas sérieuse; non, certes, elle n'était pas sérieuse l'assemblée où, dans les circonstances actuelles, l'on n'a fait place ni aux attaques, ni aux discussions sur les propositions présentées.

Mais si la séance du 28 septembre était sérieuse, si les anciens administrateurs sont dans le droit, dans la vérité, dans la justice, pourquoi ne sont-ils pas venus dans cette imposante réunion, où tous les actionnaires, tous les obligationistes ont été appelés par la voie de la presse? Dans cette assemblée la plus nombreuse de toutes celles qui ont eu lieu, puisqu'elle réunit plus de trois cents personnes.

Pourquoi ne sont-ils pas ici? Comment n'y sont-ils pas représentés?

Les directeurs viennent se placer en face de vous, Messieurs, sur la sellette; ils acceptent toutes les interpellations, toutes les accusations. Lorsque des navires sont avariés ou perdus, il faut toujours que les capitaines comparaissent devant un Conseil de guerre; les directeurs ne désertent point ce conseil de guerre, cette sage sellette où le verdic d'acquittement devient un titre d'honneur.

Que les anciens administrateurs viennent donc se placer à côté d'eux, sur cette sellette, qu'ils répondent aussi à vos interpellations, qu'ils répondent aussi à mes accusations.

(Marque d'assentiment.)

Moi, je les accuse d'avoir immobilisé vos capitaux, contre les intentions de votre souscription; je les accuse d'avoir empêché l'exécution du chemin, d'avoir sacrifié la Compagnie aux rancunes, aux calculs privés, aux petites ambitions, au népotisme. Je les accuse hautement d'avoir voulu, par ressentiment ou par crainte, ou par calcul, d'avoir voulu ruiner les deux tiers des actionnaires au préjudice même de l'autre tiers et des obligationistes; je les accuse d'avoir compromis toutes nos concessions en Suisse, en Italie et en France. Je les accuse d'avoir, par leurs intrigues et leurs atermoiements, empêché de conclure avec le Gouvernement français pour la subvention du Châblais; je les accuse d'avoir bravé la déchéance, le retrait de l'homologation, la liquidation; je les accuse de travailler en ce moment à votre ruine, comme des aveugles, comme des insensés, comme des méchants.

Voilà ce qui les attendait sur cette sellette à côté de nous; voilà ce qui les attend à l'assemblée générale du 5 décembre; c'est pour cela qu'ils ne sont pas venus, qu'ils ne viendront pas le 5 décembre.

(Vive sensation.)

C'est pour cela qu'ils ont voulu empêcher cette réunion, et qu'ils feront tous leurs efforts pour empêcher l'assemblée générale du 5 décembre. Mais s'ils fuient les attaques, s'ils ne peuvent pas se défendre, qu'ils viennent nous dire au moins quels sont leurs projets, quels sont leurs plans, leurs moyens de sauver les intérêts engagés dans la Compagnie, d'achever le réseau du chemin de fer. Nont-ils donc d'autres moyens de salut que ces propositions puériles, insensées, impraticables, de la réunion du 28 septembre dernier? Est-ce donc sauver le vaisseau que d'y mettre le feu ou de tout jeter à la mer?

(Applaudissements.)

Ce n'est point pour sauver la Compagnie, ce n'est pas pour la chose sociale que les anciens administrateurs veulent sacrifier les deux tiers des actionnaires, qu'ils veulent jeter dans le lac les concessions, encourir des échéances, détourner les millions de leur destination. Ce n'est point pour sauver la Compagnie que les anciens administrateurs dépensent tout leur temps, toutes leurs forces, votre argent, à publier des calomnies contre le Gouvernement suisse, contre les actionnaires non libérés, contre leurs défenseurs.

(Très bien! très bien!)

Je trouve ici, sous ma main, deux, trois ou quatre brochures ou libelles avec ou sans signatures, avec des signatures d'enfants ou d'hommes de paille.

PLUSIEURS VOIX. Méprisez toutes ces calomnies, toutes ces infamies!

M. DE LA VALETTE. J'ai tout essayé pour répondre publiquement à ces attaques ou pour imposer silence aux calomniateurs.

PLUSIEURS VOIX. Ne répondez donc plus à ces gens-là; les calomniateurs méritent le mépris.

UN MEMBRE se lève et dit : Mais tout cela ne nous regarde pas!

VOIX NOMBREUSES. Si, si, cela nous regarde.

M. ADRIEN DE LA VALETTE. On vient de dire : « Tout cela ne nous regarde pas. » Comment, ces actes, ces calomnies, cette administration ne vous regarde pas? Comment, lorsque, pour empêcher cette réunion de l'assemblée du 5 décembre, vos mandataires vous attaquent sur tous les terrains, ils vous injurient tous; ils vous appellent une réunion de débiteurs en révolte, est-ce que cela ne vous regarde pas?

Comment, quand on traduit calomnieusement à la barre du Conseil fédéral le Gouvernement qui veut sauver la Compagnie et tient son existence dans ses mains, cela ne vous regarde pas?

Comment, lorsque l'on a refusé même de recevoir, d'entendre les Commissaires que vous avez nommés le 25 septembre, lorsque l'on a refusé, dans le Conseil de vos mandataires, d'étudier les divers systèmes de libération proposés et lorsque ces anciens administrateurs ont voulu à tout prix exécuter et faire acheter dans une seule Bourse cinquante-deux mille actions pour ruiner, dans un seul jour, les deux tiers des associés en préparant ainsi la ruine des autres intéressés, cela ne vous regarde pas?

Et lorsque, dans l'accomplissement implacable de ces rigueurs inopportunes, de ces violences insensées, l'on a rencontré des défenseurs énergiques, qui, jusqu'à ce jour, vous ont conservé l'intégralité de votre capital nécessaire à son complétement, qu'on a juré leur perte, ou leur déconsidération, et que l'on pratique dans l'ombre des plus indignes manœuvres pour affaiblir, décourager ou détruire ces défenseurs dévoués, l'on vient dire : Cela ne nous regarde pas?

Les anciens administrateurs et leurs représentants auraient-ils donc la prétention que leurs accusations, leurs calomnies seront acceptées en silence? — Non, certes, Messieurs. — Vous saurez leur dire, à ces mandataires, qu'ils ont des comptes à vous rendre, et que cela vous regarde.

(Très bien! très bien!)

N'était-il pas de notre devoir de défendre les actionnaires, surtout lorsque nous savions que certains d'entre eux avaient versé jusqu'à deux cents et cent cinquante mille francs dans la Ligne d'Italie?

Les anciens administrateurs disaient à ces souscripteurs, si justement mécontents de l'administration : « Nous n'acceptons aucun arrangement avec vous; vous serez exécutés dans un seul jour, ou bien alors vous payerez immédiatement trois cents francs des actions qui, le lendemain, n'en vaudront que cent cinquante; vous verserez cent cinquante mille francs, qui n'en vaudront le lendemain que soixante-quinze. »

N'est-ce pas l'impossible que demandent ces mandataires? N'est-ce pas la déchéance de la Compagnie de la Ligne d'Italie qu'ils poursuivent en réalité?

Que veulent-ils donc obtenir par l'interruption des travaux, par l'exécution des actionnaires, par leur résistance au Gouvernement suisse, par leurs démarches et l'offre impraticable de vos capitaux aux Gouvernements de France et d'Italie, à deux Gouvernements qui ne voudront accepter que des offres régulières, faites par vous, en conformité des Statuts et des engagements?

Où veulent-ils en venir, en perpétuant une lutte si inexplicable?

Quel est donc leur système de salut? Je n'en vois nulle part dans leurs actes. Quels sont leurs plans? Ils ne les ont jamais développés dans le Conseil. Quel est leur but? Ils ne le montrent pas.

Diront-ils encore que cela ne nous regarde pas?

Tous vos mandataires sont en ce moment responsables du salut social et j'accepte, pour ma part, cette responsabilité. Et aussi longtemps que votre fortune restera en péril, que le navire social sera en danger, tant que la Ligne d'Italie n'aura pas pris la situation qui lui convient, qu'il était si facile de lui assurer, je me regarde comme responsable; mon temps, mon repos, ma fortune vous appartiennent, et vous me verrez au dernier rang comme au premier; vous me verrez, en simple volontaire ou comme administrateur, combattre vos adversaires et redoubler d'efforts pour réaliser l'achèvement de la ligne suisse que nous avons fondée ensemble, pour assurer son avenir pour sauver avec votr concours, avec la protection toute puissante du Gouvernement suisse, avec l'appui des Gouvernements de France et de l'Italie tous les intérêts engagés avec tant de confiance dans la Compagnie!

(Applaudissements.)

Quand je pense qu'il était si facile de rendre cette entreprise prospère, oh! je suis saisi d'une profonde tristesse.

Mais rien n'est encore désespéré, si vous écartez les obstacles si funestes, les mauvais vouloirs systématiques qui vous coûtent si cher.

La reprise sérieuse des travaux en Suisse et en Italie assurent vos concessions menacées.

Quand vous aurez construit les cent cinquante kilomètres qui devaient être en exploitation aujourd'hui, vos actions obtiendront une valeur réelle, et tous les actionnaires en retard verseront ou trouveront des acquéreurs pour verser à leur place.

Cette petite section de soixante-quatre kilomètres, presque sans issue, donne déjà un produit de près d'un demi-million par an; les recettes augmentent toujours.

Lorsque des deux côtés des Alpes, dans l'Ossola comme dans la plaine du Rhône, vous aurez conduit votre chemin de fer au pied du Simplon et que vous aurez amélioré ce passage pour attendre le percement que les gouvernements intéressés exécuteront bientôt comme au mont Cenis et plus heureusement, plus utilement qu'au mont Cenis dont le souterain est placé dans la région des neiges; lorsque vons aurez une voie ferrée, non interrompue, unissant les chemins de Suisse, de Lyon à Genève, et les réseaux du Piémont et de la Lombardie; lorsque vous aurez aussi réalisé les plans de la Compagnie, lorsque l'on pourra traverser les Alples en deux ou trois heures et par l'achèvement du grand souterrain en vingt-cinq minutes, vous aurez conquis la plus belle situation dans les voies ferrées de l'Europe, vos titres seront doublés, et vos capitaux en actions vous rapporteront certainement de 10 à 15 pour 0/0; vos actions auront la valeur des chemins d'Orléans, de Lyon, du Nord!

Mais pour arriver là, il faut que de nouveaux capitaux, obtenus par de nouveaux plans viennent contribuer à terminer cette ligne; il faut surtout que les millions possédés par la Compagnie ne restent pas immobilisés dans une maison de banque (marques d'assentiment), dans une maison fort honorable, d'ailleurs, je le sais, et qui n'a eu peut-être que le tort de se laisser entraîner dans cette lutte déplorable.

Vous savez, Messieurs, comment on a essayé de vous nuire auprès du gouvernement du Valais. Vous connaissez les tristes efforts faits depuis quelques mois pour vous mettre dans l'impossibilité de remplir les engagements de la Compagnie; vous connaissez les résistances perpétuées par vos mandataires sans tenir compte des dangers de déchéance; mais le gouvernement du Valais n'a pas voulu que vos intérêts fussent compromis par les fautes de vos anciens administrateurs, que vos capitaux fussent perdus par leur obstination, et il vous appelle à une Assemblée générale pour réparer tout le mal fait à la Société, pour réorganiser la Compagnie. De quel droit vos anciens mandataires veulent-ils empêcher la réunion de cette assemblée, votre seul port de salut? Qu'ils viennent dire ici quels sont leurs motifs pour s'opposer à cette assemblée du 5 décembre s'ils peuvent les avouer.

Si vos anciens mandataires ne sont pas ici, ils doivent avoir des représentants confidents de leurs pensées, de leurs moyens de réorganisation. Que ces représentants parlent donc, qu'ils vous disent où l'on veut nous conduire au milieu de toutes ces déchéances encourues, avec tous ces retards systématiques.

S'ils se taisent, si personne ne se présente pour eux, nous avons le droit de dire qu'ils reconnaissent leurs torts, qu'ils se reconnaissent incapables, et ils vous donnent le droit de les accuser, de les condamner.

Quant à moi, je leur déclare que, malgré leurs attaques et leurs menaces, je continuerai de poursuivre la défense de vos intérêts, l'achèvement de la Ligne d'Italie, devant toutes les Autorités, devant tous les Tribunaux. Je pousuivrai ce double but avec votre concours, avec le concours de tous ceux qui m'ont secondé et qui veulent bien encore me seconder.

(Très bien ! très bien !)

UN ACTIONNAIRE. Le caractère non officiel donné d'abord à cette réunion par le bureau et par le rapporteur, a évidemment préparé l'Assemblée au caractère de modération qui convient pour le présent et l'avenir. Je me permets cependant de prendre la parole pour me réunir à l'opinion qui vient d'être émise par un honorable membre. Sans entrer dans le côté individuel de la question, faisant semblant de ne rien savoir et des pamphlets, et des manœuvres, et de l'emploi de l'argent ; faisant semblant d'ignorer tout ce qu'il y a de suspect dans la conduite de nos adversaires, je dis que vous devez arriver à vous réunir à l'opinion qui demande une plainte au Procureur impérial contre les hommes, contre les mandataires infidèles dont on vous a fait connaître la conduite.

(Bravo ! bravo !)

Point de ménagements à l'égard de ces hommes qui, après avoir résisté à l'autorité souveraine du Gouvernement suisse, ont été jusqu'à solliciter les autorités de Paris de vous fermer les portes de ce lieu, où vous êtes ! Il n'y a de doute pour personne ; jusqu'au dernier moment, vous avez vu partout la fraude et le mépris de vos droits.

La question individuelle, il faut quelquefois la sacrifier à la raison, à l'utilité de la chose publique ; mais, cependant, il y a bien un côté de réparation qu'il ne faut pas abandonner. On a calomnié, on a suspendu des administrateurs qui avaient notre confiance ; on a fait des actes contraires à toute équité, et, quand la justice a dû prononcer, on est devenu contumace. Eh bien ! il faut savoir rendre justice à tous, à ceux qui vous défendent comme à ceux qui veulent vous ruiner.

Dans cette situation, votre plainte est utile.

Elle importe à votre dignité comme à vos intérêts. On a voulu nous spolier, car c'est le mot (marque d'assentiment), on a voulu nous enlever dans une seule journée six milions versés par nous. Ce coup de Bourse, il faut en faire justice ! Et en finissant, je ne signale qu'un fait, qui vous fera voir jusqu'à quel point l'intérêt et le concours d'une caisse remplie de vos millions protège et entretient la violence, l'usurpation, la révolte, installées dans cette forteresse de la rue Laffitte, dont on vous parlait tout à l'heure !

Que dites-vous d'un banquier, administrateur de la Compagnie, qui a la clef du coffre où sont vos millions, et qui ne veut pas que vous en disposiez? je demanderai dans quelle Compagnie industrielle on a jamais vu la même personne tout à la fois administrateur et banquier; tenant la caisse, ayant la clef de cette caisse; la fermant à vos travaux, ayant intérêt à la fermer et disposant, par des moyens qu'on vous a suffisamment indiqués, de votre argent pour consommer votre ruine!

Je demande donc au bureau, par qui vous êtes si dignement représentés, de déposer une plainte au procureur impérial contre huit réfractaires, qui ont déserté tous vos intérêts.

(Nombreuses marques d'assentiment et bravos prolongés).

PLUSIEURS VOIX. Oui, oui, une plainte. Le bureau, la commission ont tous les pouvoirs pour la faire,

LE RAPPORTEUR de la Commission du 25 septembre. Messieurs, contesté, d'un cœur honnête, que les faits fort graves sans doute qui se poursuivent dans la Compagnie ont indigné. Mais, Messieurs, croyez-moi, réfléchissons et ne nous laissons pas aller à l'entraînement qui s'est emparé de l'honorable préopinant. Je ne lui fait pas de reproches; la chaleur avec laquelle il s'est exprimé a certainement son excuse dans les faits qui vous ont été signalés; mais j'espère bien prouver que, malgré lui, sans doute, il a été entraîné beaucoup trop loin.

Voyons, au point de vue pratique, les mesures que nous avons à prendre dans notre intérêt. Adresser une plainte, c'est facile; mais quelles en seront les conséquences? La première serait d'entraîner encore, au détriment de vos intérêts, une perte de temps, de nouveaux retards, qui vous empêcheront de sortir au plus vite de la situation où nous nous trouvons.

Du reste, pour tous les faits qui ont été signalés ici, il n'y aurait point de dénonciateur, que la justice ne peut les ignorer. Vos procès les lui ont suffisamment fait connaître, et s'il y avait là des faits délictueux, elle s'en saisirait.

Mardi prochain, à la 1re Chambre où se plaidera votre affaire, le siége du ministère public sera occupé par un magistrat tout aussi soucieux que nous-même de venger la morale publique. Je ne crois pas qu'il soit besoin, pour satisfaire vos intérêts, de déposer une plainte; je ne crois donc pas, permettez-moi de vous le dire, qu'il y ait lieu d'adopter la proposition de l'honorable préopinant. En effet, où serait l'issue d'un pareil procès pour notre affaire? Nous avons des moyens plus réguliers, ou, sinon, plus efficaces pour atteindre le but que nous poursuivons. Comme cela a déjà été dit, je crois que le salut de la Compagnie est en vos mains; nous ne devons donc pas le compromettre en sortant du système de modération que nous nous sommes imposé jusqu'ici. Ne nous lançons pas sur le terrain des procès; nous devons autant que possible chercher les moyens les plus simples, en même temps que les plus prompts, de régulariser notre position. C'est là en effet le but auquel nous avons tous hâte d'arriver.

Je l'ai déjà dit, et je regrette de le répéter: je ne suis ici ni pour l'un ni pour l'autre; quand je rencontrerai des fautes, quelque part qu'elles se trouvent, je les reprocherai, et tout haut, devant tous. Mais conservons à cette assemblée le rôle de modération qui doit exclusivement lui appartenir; attendons au 5 décembre.

Si au lieu de nous servir des pouvoirs qui nous ont été conférés, si au lieu de prendre les mesures nécessaires à la sauvegarde de nos intérêts et à leur garantie, comme le Gouvernement du Valais nous y a invités par l'article 6 de son arrêté, si au lieu de nous occuper de la reconstitution de notre Compagnie, nous nous échappons sur le terrain judiciaire, nous nous créérons à nous-mêmes de nouvelles entraves. Une instruction sera ordonnée, les scellés seront mis sur nos papiers; il y aura des rapports d'experts, et pendant tout cela, où serons-nous, que ferons-nous? Nous verrons arriver l'heure de la déchéance; sans avoir rien fait d'efficace, pour la détourner. Le Gouvernement du Valais s'impatienterait et pourrait bien se départir de la modération, de la tolérance dont il a usé jusqu'ici.

Il vous a invités à vous réunir le plus tôt possible; que ce soit donc le plus tôt possible, et quand viendra le moment où vous aurez à réclamer, auprès de ce Gouvernement, un acte gracieux, une faveur, que vous arriviez du moins à lui, avec toute votre situation bien établie. Quand vous serez en mesure de remplir tous vos engagements, quand vous aurez montré que vous teniez à la réalisation de vos promesses, alors vous serez forts contre toutes les attaques dont vous êtes l'objet, vous pourrez sûrement résister aux menées qui tendent à consummer votre ruine; c'est alors aussi que le Gouvernement du Valais, en réponse à vos ennemis, leur demandera compte de leurs actes.

Mais, hâtez-vous, prenez un parti décisif, sans cela, vous aurez à statuer sur vos funérailles au lieu d'avoir à statuer sur une administration infidèle.

(Marques nombreuses d'assentiment.)

J'ajoute une dernière considération. Le jugement de Martigny réserve tous nos droits, même à des dommages intérêts; nous ferons respecter ce jugement, nous le soutiendrons. Mais maintenant occupez-vous des mesures indispensables à prendre; immédiatement, quant aux poursuites exercer, quant à une plainte à déposer, faites ce que bon vous semblera, mais collectivement, comme représentant de la Compagnie. N'arrêtez pas les mesures nécessaires à ses intérêts. Le 5 décembre nous aurons à discuter tous ces points sur lesquels la séance de ce jour doit nous préparer à être d'accord.

(Marques d'assentiment.)

Je me résume. En réservant pour plus tard le mérite de la proposition qui vons a été faite, et cette réserve n'est point de ma part, vous le pensez bien, un bill d'impunité que je sollicite, que je réclame en faveur de vos adversares; allons au plus pressé. Le gouvernement du Valais a déjà fait justice de toutes ces attaques odieuses, de toutes les calomnies des libelles : un jugement a été rendu; il renferme dans son application les moyens de sauver la Compagnie. Je demande qu'on nous mette à même de le faire exécuter, que la marche qui nous est tracée ne soit pas entravée; que nous nous occupions des mesures à prendre le 5 décembre, et que la Commission qui est prête à y donner tous ses soins, si vous l'en chargez, soit complétée à cet effet.

(Très bien ! très bien !)

UN MEMBRE. Je demande que, à défaut d'une plainte, on vote ici publiquement un blâme énergique aux anciens administrateurs condamnés par le Message.

(Marques d'approbation, agitation.)

UN MEMBRE. Aux voix le blâme !

M. LE PRÉSIDENT. Plusieurs membres proposent de voter publiquement un blâme aux anciens administrateurs révoqués par le Message. Je vais la mettre aux voix.

UN MEMBRE. Pas aujourd'hui ! A l'Assemblée du 5 décembre.

PLUSIEURS VOIX : Si ! Si !

M. PREVET. Nous sommes une réunion officieuse ; que le 5 décembre vous votiez le blâme, je le comprends, la réunion sera officielle ; il aura une toute autre portée ; mais, aujourd'hui, ce n'est pas le moment.

UN MEMBRE. Officieusement, nous les blâmons.

(Oui ! Oui ! Assentiment unanime.)

M. ADRIEN DE LA VALETTE. Je ne pense point, Messieurs, qu'il y ait lieu de voter des propositions dans cette réunion, surtout des propositions de ce genre. Et d'ailleurs, aucun vote de blâme, quelqu'explicite qu'il soit, ne saurait avoir plus de portée que la discussion qui vient d'avoir lieu.

D'après les sentiments manifestés ou accueillis avec tant d'unanimité dans cette assemblée, le blâme sort de toutes les consciences, il sera transmis au dehors par tous ceux qui auront assisté à cette réunion; tout vote de blâme est maintenant superflu.

(Bravo ! bravo !)

Dans la prochaine Assemblée générale, Messieurs, il doit être fait des propositions importantes ; peut-être jugerez-vous utile d'adjoindre de nouveaux membres à votre Commission du 25 septembre pour les étudier. C'est le désir manifesté par cette Commission. Ces adjonctions représenteraient cette réunion si importante et si unanime du 23 novembre.

UN MEMBRE. La Commission est bien plus à même de juger quels sont ceux des actionnaires qui peuvent lui être adjoints ; qu'elle les choisisse elle-même.

(Oui ! oui !)

LE PRÉSIDENT. L'opinion manifestée par toute l'Assemblée est que la Commission se complète elle-même.

(Assentiment unanime.)

M. ADRIEN DE LA VALETTE. J'ai une proposition à vous soumettre, qui aura, je n'en doute pas, votre approbation unanime, celle d'un vote spécial de remerciement et de gratitude au Gouvernement du Valais, qui n'a cessé jusqu'à ce jour de protéger avec tant de bienveillance tous les intérêts engagés dans la Compagnie.

(Oui ! oui ! Applaudissements unanimes.)

M. LE PRESIDENT met la proposition aux voix. Elle est adoptée à l'unanimité.

LE RAPPORTEUR. Vous ne pouvez pas vous être réunis pour ne rien décider; je vous adjure de voter sur la proposition tendant à assurer l'exécution des deux articles 6 et 7 de l'Arrêté de séquestre rendu par le Gouvernement du Valais. Si vous maintenez la Commission du 25 septembre, en lui conférant ce nouveau mandat, je vous demanderai alors de vouloir bien déléguer quelques-uns des membres présents à cette réunion, deux, trois ou quatre qui s'adjoindront à nous pour ce travail.

UN MEMBRE. Laissons à la Commission le soin de désigner elle-même ces deux ou trois membres.

UN AUTRE MEMBRE. Le Message et l'Arrêté ont reçu l'approbation unanime de cette Assemblée.

LE COLONEL DE LA PIERRE. Cette réunion n'est pas officielle, nous ne saurions donc y prendre une décision officielle de la nature de celle qu'on nous demande. La réunion d'aujourd'hui n'est qu'officieuse; on me l'a rappelé assez durement lorsque j'ai demandé un vote de blâme. Il faut attendre le 5 décembre.

(Agitation.)

UN AUTRE MEMBRE. On pourrait s'en rapporter entièrement à la Commision de séquestre et à la Commission du 25 septembre, si l'Assemblée ne juge pas convenable de leur adjoindre quelques-uns des plus forts actionnaires. . . . .

UN MEMBRE. La Commission est bien plus en position que nous de se compléter pour faire sa utilement, et d'appeler les membres dont le concours pourrait leur être utile.

M. ADRIEN DE LA VALETTE. Les deux commissions ont marché constamment d'accord; si vous le jugez convenable, elles s'occuperont, conformément au désir de l'Assemblée, des adjonctions à proposer.

(Oui! oui!)

UN MEMBRE. Je propose de voter des remerciements à la Commission de séquestre et à la Commission du 25 septembre, c'est en quelque sorte leur conférer de nouveaux pouvoirs, leur donner une nouvelle force.

(Marques unanimes d'approbation.)

M. PREVET. La Commission qui a fonctionné a été régulièrement nommée par une assemblée officiellement convoquée. Je comprends bien le désir qu'elle a de s'adjoindre quelques membres, de s'entourer d'autres lumières; mais je ne crois pas que, de notre part, ce vote fût régulier, attendu que nous sommes tout simplemen réunion officieuse. D'ailleurs, la Commission de séquestre est un pouvoir officiel.

Je crois qu'en vous immisçant dans les pouvoirs, vous vous exposeriez à une illégalité qui vous serait reprochée.

Mouvements en sens divers. — Agitation.)

UN MEMBRE. Il me paraît préférable de décider que les deux Commissions s'adjoindront, s'associeront tels membres qu'elles jugeront convenable, et s'entoureront de toutes les lumières qui peuvent les aider dans l'accomplissement de leur mandat.

VOIX NOMBREUSES. Oui! oui!

(Agitation.)

Cette proposition est mise aux voix et adoptée à l'unanimité.

M. LE PRÉSIDENT déclare la séance levée.

Il est onze heures.

M. ADRIEN DE LA VALETTE. Messieurs, au cinq décembre prochain; au cinq décembre la solution de toutes les difficultés, le salut de la Compagnie, la reconstitution des chemins de fer de la Ligne d'Italie!

(Applaudissements.)

PIÈCES ANNEXES

Au compte rendu de l'Assemblée du 23 novembre 1861.

MESSAGE

DU CONSEIL D'ÉTAT AU GRAND-CONSEIL DU VALAIS

PROPOSANT LE SÉQUESTRE DE LA COMPAGNIE.

Monsieur le président et Messieurs,

En la session de mai dernier, nous avons eu l'honneur de soumettre au Grand-Conseil une demande du Conseil d'administration du chemin de fer de la Ligne d'Italie, tendant à obtenir une prolongation du délai pour l'achèvement des sections Sion-Brigue et Bouveret-Saint-Gingolph.

Conformément à notre préavis, nous reçûmes de la haute assemblée des pouvoirs pour traiter, avec le Conseil d'administration, de la prolongation du délai, en subordonnant toutefois ladite concession au règlement préalable des questions pendantes entre l'Etat et la Compagnie.

Dans le but de donner suite à cette décision, et de régler simultanément avec la Compagnie d'autres affaires d'intérêt pour le règlement desquelles l'intervention du Conseil fédéral était nécessaire, le Conseil d'Etat convoqua, à Berne, le 14 juillet dernier, une conférence de délégués de l'Etat et du Conseil d'administration.

Les différentes questions débattues contradictoirement dans cette conférence paraissaient s'acheminer vers leur solution ; mais, à la clôture, l'un des deux représentants de la Compagnie refusa son adhésion ; l'arrangement que nous avions un instant espéré étant ainsi demeuré en suspens, nous ne pûmes donner suite à la demande de prorogation de délai.

Pendant que le Conseil d'Etat poursuivait le règlement de ses questions en Suisse, des événements graves se passaient à Paris, dans le Conseil d'administration de la Ligne d'Italie.

Le 29 juin, ce Conseil, se fondant sur l'art. 11 des Statuts, décida de vendre les actions non entièrement libérées ; il fit à cet effet les publications prescrites et convoqua pour le 24 août une assemblée générale des actionnaires, dont il excluait les porteurs d'actions non libérées.

Se trouvant lésés dans leurs droits, les actionnaires exclus protestèrent contre cette mesure, soit auprès du Conseil d'administration, soit auprès du Conseil d'Etat.

Une protestation fut également déposée au Conseil d'Etat par deux membres formant d'un côté la majorité du comité de direction et d'un autre côté la minorité du Conseil d'administration ; ils convoquèrent, à leur tour, une assemblée générale pour le 24 août, en y admettant tous les actionnaires.

Par des mesures si graves, décrétées et combattues tour à tour par le pouvoir administratif et le pouvoir exécutif de la Compagnie, la scission qui depuis longtemps déjà avait altéré les rapports entre ces deux pouvoirs devint complète et irréparable; elle ne tarda pas à se produire en actes d'hostilité ouverte, lesquels, s'il n'y était mis promptement un terme, finiraient par perdre les plus hauts intérêts du Valais, des actionnaires de la Ligne d'Italie et des porteurs d'obligations.

Parmi ces actes, nous devons mentionner en première ligne la suspension des deux membres formant la majorité du comité directeur, et la révocation de l'ingénieur en chef, prononcée par le Conseil d'administration, en date du 29 juin 1861.

En faisant part au Conseil d'Etat de ces décisions, le président du Conseil d'administration annonça la prochaine arrivée à Sion d'une délégation de trois membres, avec pouvoirs de traiter et de décider de toutes affaires de la Société. — Les délégués eux-mêmes annoncèrent leur arrivée, d'abord pour le 4 août, ensuite pour le 5, et ils se présentèrent en cette ville dans la soirée de ce dernier jour.

Cependant la vente des actions non libérées devait être effectué le 6 août. Il y avait urgence extrême, pour le Conseil d'Etat, de prendre les mesures commandées par les circonstances. Ne pouvant plus les différer, il prit, le 5 août, l'arrêté suivant :

« Le Conseil d'Etat du Canton du Valais,

En présence du recours qui lui est adressé par les deux membres du co- » mité de direction et par plusieurs des commissaires nommés à l'assemblée » générale du 25 septembre 1860, et quelques autres actionnaires de la Ligne » d'Italie, contre les mesures décrétées par le Conseil d'administration de la- » dite Compagnie, en séance du 29 juin dernier, à l'égard des actions non » entièrement libérées ;

» Se considérant comme le gardien des Statuts par lui homologués;

» Arrête :

» Le Conseil d'administration de la Ligne d'Italie est invité à suspendre » sa résolution précitée du 29 juin jusqu'à examen et décision de la part du » gouvernement du Valais.

» Le Conseil d'Etat du Valais déclare en même temps contraire aux Statuts, » et en conséquence nulle et non avenue, la suspension ou révocation du vice- » président ou de tout autre administrateur-directeur. Il continuera ses rap- » ports officiels avec le comité de direction et se réserve d'examiner la vali- » dité de la nomination des administrateurs qui ne sont pas désignés dans » les statuts.

» Donné en Conseil d'Etat, à Sion, le 5 août 1861.

» *Le président du Conseil d'Etat*,

» Signé : Allet.

» *Le secrétaire d'Etat*,

» Signé : E. Barberini.

Par dépêche télégraphique du même jour et par office du 7 aout, nous fîmes connaître au Conseil d'administration et le contenu de l'arrêté, et le sens, soit la portée que le conseil d'Etat entendait donner à cet acte.

Quelques heures après la décision du Conseil d'Etat, les trois délégués du Conseil d'administration se présentèrent au gouvernement. Informé de l'Arrêté qui venait d'être pris, ils déposèrent, le lendemain 6 août, une protestation contre les décisions du Conseil d'Etat, protestation que nous dûmes repousser soit quant au fond, soit quant à la forme, en raison des termes dans lesquels elle est conçue.

Le Conseil d'Etat, demeuré sans réponse du Conseil d'administration, invita ce dernier, par lettre du 22 août, à lui faire connaître ses résolutions relatives à l'exécution de l'Arrêté du 5 août et à la protestation de ses trois délégués.

En formulant ses demandes, le Conseil d'Etat a agi dans la conviction intime de la légalité de ses décisions du 5 août 1861. Il a été confirmé dans cette conviction par une consultation de jurisconsultes du Valais, lesquels, après avoir reconnu la compétence du Conseil d'Etat, se sont prononcés unanimement pour le maintien des décisions du 5 août, dont l'opportunité et la validité leur ont paru incontestables.

Cependant un tribunal d'arbitres nommé par le tribunal de commerce de Genève, portait, en date du 14 août dernier, une sentence entre quelques actionnaires, MM. de La Valette et Claivaz, administrateurs-directeurs suspendus, et le Conseil d'administration. Cette sentence statue ce qui suit :

1° Que les deux convocations de l'assemblée générale pour le 24 août sont annulées, et qu'une assemblée générale sera convoquée dans la deuxième quinzaine de septembre;

2° Que les porteurs d'actions non entièrement libérées sont exclus de ladite assemblée;

3° Que la vente forcée des actions non libérées est suspendue jusqu'à ce qu'il ait été statué définitivement sur ce point;

4° Que l'exercice des pouvoirs du comité directeur est suspendu, et que les fonctions dudit comité sont provisoirement remplies par une commission de trois membres, nommée par le Conseil d'administration.

Les dispositions de ce jugement, tendant à annuler l'effet de la décision du Conseil d'Etat du 5 août, ne peuvent subsister à côté de celles-ci, et elles doivent s'effacer comme illégales.

L'article 47 des statuts, relatif au règlement des contestations, limite la compétence du tribunal d'arbitres aux questions relatives aux affaires sociales. En s'arrogeant la connaissance de questions touchant l'organisation et l'administration de la Société, le tribunal a outrepassé sa compétence et a entaché, par avance, ses décisions de nullité.

En décrétant les mesures qui devaient infirmer l'Arrêté administratif du 5 août, le tribunal a, de plus, empiété sur le droit de souveraineté de l'Etat.

Par l'homologation des Statuts et l'autorisation de l'existence de la Société, l'Etat, soit le gouvernement qui le représente, est devenu le gardien des Statuts; il remplit donc et un droit et un devoir en surveillant l'observation des dispositions statutaires. Sans son autorisation, rien ne doit être changé ou modifié dans l'acte constitutif de la Société.

Et cependant, en violation des articles 14 et 24 des statuts, le Conseil d'administration a suspendu deux membres du comité de direction et le vice-président du Conseil d'administration, dont les fonctions, à teneur des Statuts, devaient durer cinq ans après l'achèvement de la ligne.

C'est cette mesure illégale et usurpatrice, cette question d'Etat que les juges arbitres ont confirmée, au moins dans sa partie essentielle, par une sentence rendue sur demande de quelques actionnaires et de deux membres du Conseil, d'administration, et sans intervention aucune de l'Etat.

C'est en vue des considérations qui précèdent que le Conseil d'Etat, fort du reste, de la légalité de ses décisions, n'a pas cru devoir revenir sur son Arrêté du 5 août, mais mettre le Conseil d'administration en demeure de s'y conformer, ainsi que nous l'avons dit plus haut.

Sur ces entrefaites, plusieurs membres de ce Conseil se rendaient à Sion, dans le double but de régler les questions relatives à la prorogation du délai et d'aplanir les différends dernièrement survenus entre ledit Conseil, le comité directeur et les actionnaires.

Les intentions que MM. les administrateurs manifestèrent dès la première entrevue, relatives au règlement des conditions de la prorogation du délai, laissèrent entrevoir une prochaine solution de cette question. Afin de ne plus retarder cette solution, une conférence fut fixée pour le même jour; mais ensuite d'une entrevue qui eut lieu entre le président du Conseil d'Etat et un avocat de la Compagnie, MM. les administrateurs rompirent subitement toutes négociations et quittèrent Sion immédiatement.

Dès lors, le désordre augmenta chaque jour dans l'administration du chemin de fer.

Tandis qu'en France et à Genève la majorité du Conseil d'administration se prévaut du jugement arbitral, celui-ci demeure sans effet en Valais; ici, les anciens directeurs agissent et continuent leurs fonctions, en vertu de l'Arrêté du 5 août; là, méconnus par le Conseil d'administration, ils sont exclus de toute gestion, expulsés des bureaux de la Compagnie, à teneur du jugement arbitral, et remplacés par une commission déléguée sans pouvoirs réguliers.

Le Conseil d'administration dispose encore d'un fonds de plusieurs millions, mais il laisse depuis longtemps déjà tous les travaux en suspens et absorbe toutes les ressources de la Compagnie en frais d'administration; à la veille de l'expiration de la concession, ayant encore à exécuter tous les travaux sur une cinquantaine de kilomètres, ce Conseil ne craint pas de créer de nouveaux éléments de désordre et de scission dans la Société, et de compromettre l'existence même de celle-ci, en l'exposant à une déchéance imminente.

D'un autre côté, les directeurs et l'ingénieur en chef, suspendus par le Conseil, prenant au sérieux l'exécution et l'exploitation de la ligne, voient leurs mandats et leurs traites refusés à Paris par le banquier de la Société; leur action est ainsi paralysée, et l'exploitation de la ligne menacée d'une suspension très prochaine, annoncée officiellement par l'ingénieur en chef de la Compagnie.

Une situation si grave réclame un remède prompt et énergique.

La loi et les traités ont placé dans la main du gouvernement les moyens de mettre un terme aux désordres et au coupable laisser-aller de l'administration de la Compagnie.

La Société de la Ligne d'Italie n'est anonyme que par l'autorisation du gouvernement du Valais; c'est par l'homologation que celui-ci a accordée à ses Statuts qu'elle existe; elle ne peut les modifier sans une approbation spéciale du gouvernement, et la violation de l'acte constitutif homologué, ou la mauvaise administration de la Société peuvent entraîner la révocation de l'approbation et de l'homologation.

Or, nous l'avons exposé ci-dessus, le Conseil d'administration a encouru ce double reproche, soit par la lenteur qu'il a mise dans l'exécution de la voie, en laissant, dernièrement encore, les travaux en suspens pendant plus de quinze mois, et en exposant ainsi itérativement la Société à la déchéance de la concession; soit enfin par une administration inqualifiable, une résistance constante à l'autorité et aux ordres du gouvernement, et des luttes incessantes, qui ne peuvent tourner qu'au détriment de la Société.

Il est, en conséquence, dans les attributions souveraines de l'Etat de révoquer l'homologation accordée aux Statuts.

Il est également dans les droits de l'Etat de prononcer actuellement, déjà, la déchéance de la concession.

De notoriété, les travaux des sections Sion-Brigue (plus de 50 kilomètres) et Pouveret-Saint-Gingolph sont à peine commencés;

La section Bouveret-Sion attend encore son achèvement, et les bâtiments des gares et stations restent en majeure partie à construire, et cependant le dernier terme de la concession expire le 25 octobre 1861, c'est-à-dire dans quarante jours !

L'impossibilité, de la part de la Compagnie, de remplir ses engagements quant à l'achèvement de la ligne est évidente ; le Conseil d'administration, en sollicitant une prorogation du délai en la session de mai dernier, l'a d'ailleurs reconnu lui-même explicitement à cette époque-là déjà.

Placé dans l'impossibilité de remplir ses engagements vis-à-vis de l'Etat, le Conseil d'administration, par la conséquence des stipulations bi-latérales qui lui ont concédé la ligne des chemins de fer, ne peut revendiquer le bénéfice de la concession, si ce n'est à titre de munificence de l'État, d'où découle naturellement le droit de l'État de retirer la concession.

Cependant, si, au point de vue du droit, nous ne saurions hésiter à proposer l'une des mesures que nous venons d'énoncer, nous devons reculer devant l'emploi de ces moyens en considération des intérêts de l'État, des actionnaires et des tiers.

Le retrait de l'homologation et la déchéance de la concession auraient pour conséquences inévitables d'amener la liquidation de la Société et la perte pour celle-ci des travaux faits pour garantir l'exécution de ceux à faire : ce serait d'un côté retarder ou compromettre même l'achèvement de la ligne, pour laquelle l'État a fait maints sacrifices, et que le pays attend avec une bien légitime impatience ; ce serait, d'un autre côté, compromettre les intérêts des actionnaires et des porteurs d'obligations, lesquels ont engagé une partie plus ou moins considérable de leur fortune dans la Société de la Ligne d'Italie, sous la foi des statuts et des concessions placés sous la sauvegarde de l'Etat. Celui-ci leur doit donner aide et protection, comme il se les doit à lui-même, pour assurer l'exécution du chemin de fer, et dans ce but il doit recourir à celle des mesures qui concilie le mieux les intérêts de l'État et des actionnaires et obligationnistes.

Ne voulant, dans l'état actuel des choses, recourir aux mesures susénoncées, le Conseil d'État n'avait en ce moment qu'un seul moyen qui lui permît d'espérer d'arriver à ce double but : ce moyen, c'est le séquestre provisoire du chemin de fer, soit la mise sous régie de la Société.

Quelque grave que soit cette mesure, le Conseil d'État la croit justifiée par la situation actuelle, qui compromet tous les intérêts de l'entreprise, et par les actes qui ont amené cette situation.

Le Conseil d'administration, nous le répétons, dispose actuellement encore de fonds suffisants : à la veille d'une déchéance, il ne craint pas de laisser les travaux suspendus et les négociations de la prorogation de délai rompues par son fait.

Le Gouvernement a en vain tenté, par ses délégués, d'aplanir les différends qui se sont manifestés entre les membres du Conseil d'administration, à l'assemblée générale des actionnaires tenue à Genève, le 25 septembre 1860, et qui ont pris dès lors un caractère d'hostilité irréconciliable.

Désuni lui-même, le Conseil d'administration n'a su user envers le Gouvernement de procédés plus conciliants que ses membres n'en ont eu entre eux.

Plus d'une fois, nous avons eu le regret de devoir signaler à la haute assemblée les prétentions outrées du Conseil d'administration qui ont rendu difficiles les rapports du Gouvernement avec ce Conseil ; et notamment, par le Message présenté au Grand-Conseil en sa session de novembre 1859, nous avons énuméré les différends existant entre l'État et la Compagnie, dont nous n'avons pu obtenir un règlement suffisant.

Les derniers événements, qui n'ont fait qu'empirer ces rapports et l'état de résistance dans lequel le Conseil d'administration, après avoir violé les statuts, s'est mis vis-à-vis du gouvernement, à la suite de l'arrêté du 5 août, ont rendu finalement les rapports entre l'État et la Compagnie à peu près impossibles.

Il est, du reste, en principe, consacré par des actes administratifs nombreux, qu'en matière de travaux publics, les moyens d'assurer l'exécution de ces travaux demeurent toujours réservés aux gouvernements.

Si les travaux éprouvent des retards par la négligence des concessionnaires ; si l'on prévoit que, par suite de cette négligence, les travaux ne peuvent être terminés dans les délais convenus, et si ces retards doivent nuire à l'intérêt public, l'État a le droit de les faire exécuter en lieu et place des entrepreneurs.

C'est le droit public, soit consacré par la loi écrite, soit découlant, en tous pays, de la souveraineté de l'État et de l'obligation du gouvernement de ne pas subordonner l'intérêt public de ses administrés à des intérêts privés, et encore moins de sacrifier celui-là à la négligence ou au caprice d'entrepreneurs en défaut.

Tout en reconnaissant le droit de l'État et la nécessité de recourir au séquestre ou à la régie de la Ligne d'Italie, nous n'avons cru devoir prendre une résolution définitive sur une question si grave, sans y être autorisés par le Grand-Conseil.

Nous vous proposons, en conséquence, monsieur le président et messieurs, d'accorder au Conseil d'Etat les pouvoirs nécessaires pour prendre toutes les mesures commandées par la situation, notamment pour prononcer, au besoin, le séquestre ou la régie dont les bases et conditions sont consignées dans le projet d'arrêté que nous joignons aux actes.

En vous demandant ces pouvoirs, nous n'entendons nullement exclure les mesures que les circonstances pourraient conseiller, si la Compagnie offrait des garanties suffisantes pour assurer tous les intérêts.

Nous saisissons cette occasion, monsieur le président et messieurs, pour vous présenter l'assurance de notre respectueuse considération, vous recommandant avec nous à la protection divine.

Le président du Conseil d'Etat,

Signé : ALLET.

Le secrétaire d'Etat,

Signé : E. BARBERINI.

Sion, le 16 septembre 1861.

DÉCISION UNANIME DU GRAND CONSEIL

PRONONÇANT LE SÉQUESTRE.

SÉANCE DU 17 SEPTEMBRE 1861.

Présidence de M. Clémenz.

L'ordre du jour appelle la discussion du Message du Conseil d'Etat sur la position du chemin de fer de la Ligne d'Italie.

Dans le Message, le Conseil d'État donne un aperçu historique de la conduite de l'administration du chemin de fer, à dater de la concession, aperçu duquel il résulte que les travaux sur la ligne ont été suspendus, quoiqu'il y ait encore des fonds disponibles pour les continuer ; que les Statuts de la Société ont été violés ; qu'il y a anarchie, dilapidation, mépris des arrêtés du Conseil d'État cessation imminente de l'exploitation de la ligne et déchéance imminente de la concession. En conséquence, il propose de lui accorder les pleins pouvoirs pour prendre toutes les mesures qu'ils exigeront, notamment pour mettre la ligne sous séquestre et son administration en régie, d'après les bases énoncées dans son projet d'arrêté, annexé aux actes du dossier.

La Commission, à l'unanimité, approuve en premier lieu et propose d'approuver la conduite du Conseil d'État dans la tractation des affaires pendantes; elle propose ensuite d'adhérer au Message présenté et d'accorder les pouvoirs demandés, tout en faisant un changement de rédaction à l'article 4 du projet d'arrêté, pour annexer un article qui serait ainsi conçu ;

« Dans le cas où les fonds de la Société ne seraient pas mis à la disposition de la Commission, celle-ci est autorisée, sous l'approbation d'Etat, à emprunter les sommes nécessaires au maintien de la circulation sur la voie et à la continuation successive des travaux, et à consentir à cet effet toute hypothèque sur la voie et ses dépendances. »

Le président du Conseil d'Etat déclare que le Conseil d'Etat adhère à ce changement de rédaction.

Quelques membres ont manifesté une certaine hésitation à se prononcer pour l'adoption du Message du Conseil d'Etat, à cause des pouvoirs que l'article 4 du projet d'Arrêté accorde à la Commission de régie, tout en approuvant en principe la conduite du Conseil d'Etat et les mesures qu'il avait prises; mais les explications données par le président du Conseil d'Etat et par la Commission les ayant rassurés, ils se rangent aux préavis du Message et de la Commission, et il n'a pas été fait de proposition contraire, sauf celle présentée par un membre, portant que le Grand-Conseil devrait d'ors et déjà, voter la mise sous séquestre et en régie, avec pouvoirs accordés au Conseil d'Etat de révoquer cette mesure lorsqu'il le jugerait convenable dans l'intérêt du pays.

Cette proposition, n'étant pas appuyée, n'a pas été mise aux voix.

La haute assemblée a adopté à l'unanimité le Message du Conseil d'Etat et les propositions de la Commission.

Pour copie conforme au protocole du Grand-Conseil :

Le secrétaire de la langue française,

J.-G. DARIER.

ARRÊTÉ DU CONSEIL D'ÉTAT.

INSTITUANT LA COMMISSION OFFICIELLE DE SÉQUESTRE.

Le Conseil d'Etat du canton du Valais,

En vertu des pouvoirs que lui a conférés le Grand-Conseil;

Vu les actes de concession des 22 décembre 1853 et 4 décembre 1854 pour l'établissement d'un chemin de fer de Saint-Gingolph à la frontière sarde, avec faculté de l'arrêter à Brigue ;

Vu les statuts de la Compagnie des chemins de fer de la Ligne d'Italie, Lefort, notaire, 20 février 1857, Paris, Statuts homologués par le Gouvernement du Valais, en date du 29 mars de la même année ;

Vu la loi du 29 novembre 1853 sur les sociétés commerciales et l'art. 1604 du Code civil;

Considérant que la Compagnie de la Ligne d'Italie, quoique disposant de fonds suffisants, est loin d'avoir rempli ses engagements envers l'Etat; qu'elle n'a opéré que des travaux insignifiants sur la section de Sion à Brigue, et qu'elle n'a pas même achevé ceux des autres parties de la ligne;

Considérant que des conflits déplorables, que les représentants du Gouvernement ont inutilement cherché à aplanir à l'Assemblée générale du 25 septembre 1860, se sont élevés au sein de l'administration de la Société; que la marche de celle-ci est devenue impossible, et que, pendant quinze mois, les travaux sont demeurés presque complétement suspendus;

Considérant que la Société est sous le coup d'une échéance imminente puisqu'il lui est impossible d'exécuter plus de cinquante kilomètres de chemin d'ici au 25 octobre prochain, date assignée à l'accomplissement de ses engagements;

Considérant que le Gouvernement du Valais, ne pouvant sacrifier les intérêts du pays et voulant pourtant éviter, autant que possible, de faire retomber sur les actionnaires, qui ont droit à sa protection, la responsabilité et les conséquences des fautes et de la négligence de leurs administrateurs, doit chercher le moyen de sauvegarder tous les intérêts;

Considérant que la Société n'est anonyme que par suite de l'autorisation du Gouvernement du Valais; que puisant son existence légale dans l'homologation que le Conseil d'Etat a accordée à ses Statuts, elle ne peut modifier ceux-ci sans une approbation spéciale du Gouvernement, et que la violation des Statuts homologués ou la mauvaise administration de la Société peuvent entraîner la révocation de l'approbation et de l'homologation;

Considérant que les Statuts homologués par le Gouvernement du Valais confient l'administration et la direction des affaires sociales à des membres nominativement agréés par le Gouvernement et qui doivent rester en fonctions jusqu'après l'achèvement du chemin (art. ff4 et 24);

Considérant qu'en violation de ces articles, la majorité du Conseil d'administration s'est permis de suspendre deux membres du comité de direction et le vice-président statutaire du Conseil d'administration;

Considérant que, par un arrêté du 5 août dernier, dûment notifié par office du 7, le Conseil d'Etat du Valais a déclaré qu'il regardait « comme contraire aux Statuts, et en conséquence comme nulle et non avenue la suspension et la révocation du vice-président ou de tout administrateur-directeur, et qu'il continuerait ses rapports officiels avec le comité de direction. »

Considérant que, par lettre officielle du 22 du même mois, le Conseil d'Etat a mis le Conseil d'administration en demeure d'exécuter l'arrêté précité et de respecter les Statuts;

Considérant qu'au mépris de l'arrêté du 5 août, de la lettre officielle du 22 et de l'article 24 des Statuts, la majorité du Conseil d'administration, dans la séance du 4 septembre, a persisté dans la suspension du comité de direction, en se prévalant d'une sentence arbitrale rendue à Genève le 14 août dernier;

Considérant que les Statuts d'une société anonyme ne peuvent être changés que du consentement du Gouvernement qui les a approuvés et homologués;

Considérant que le désordre est à son combte, et que les employés révoqués d'un côté sont réintégrés de l'autre, que les ordres et directions sont donnés dans les sens les plus opposés, que les payements ne se font plus et que la suspension de l'exploitation est inévitable et imminente;

Considérant que, dans cet état des choses, il est du devoir du Gouvernement de prendre immédiatement des mesures qui puissent sauvegarder à la fois les intérêts du Valais, en assurant l'exécution du chemin, et les intérêts des actionnaires et des porteurs d'obligations, en leur évitant le préjudice qui résulterait pour eux d'une déchéance ou d'une révocation de l'homologation . Statuts de la Compagnie;

Considérant que le séquestre provisoire du chemin, soit la mise sous régie de la Société, offrent le *seul moyen* d'arriver à ce double résultat ;

Arrête :

Art. 1er. La Compagnie des chemins de fer de la Ligne d'Italie par la vallée du Rhône et le Simplon est placée provisoirement sous le séquestre, qui sera administré et exploité par une régie, soit Commission composée de ;

Messieurs,

Le comte ADRIEN DE LA VALETTE, vice-président statutaire du Conseil d'administration et membre du Comité de direction, à Paris;

MAURICE CLAIVAZ, ancien président du Conseil d'Etat du Valais, membre du Conseil d'administration et du Comité de direction, à Martigny ;

N. HUMBERT, propriétaire-rentier et l'un des plus forts actionnaires, à Toninge ;

LOUIS STUCKY, directeur de la banque cantonale du Valais, à Sion ;

DUHOUSSET, chevalier de la Légion d'honneur, président de la Commission nommée par l'Assemblée des actionnaires du 25 septembre, à Paris ;

Commission délibérant et agissant à la majorité de ses membres ;

Art. 2. Cette Commission fera immédiatement dresser inventaire de tous les avoirs de la Compagnie et procéder à l'exécution de tous les travaux concédés à celle-ci et qui sont en retard ; à cet effet, elle se fera remettre, soit en Suisse, soit à l'étranger, par tous les administrateurs ou dépositairest les fonds, registres et avoirs quelconques appartenant à la Société.

Art. 3. La Commission est autorisée à intenter toute action judiciaire c, à y défendre en Suisse ou à l'étranger, et à former toute saisie sur les valeurs appartenant à la Société.

Art. 4. Dans les cas où les fonds de la Société ne seraient pas mis à la disposition de la Commission, celle-ci est autorisée, sous l'approbation du Conseil d'Etat, à emprunter les sommes nécessaires au maintien de la circulation sur la voie et à la continuation successive des travaux, et à consentir, à cet effet, toute hypothèque sur la voie et ses dépendances.

Art. 5. A partir de ce jour, tous les produits directs et indirects du chemin de fer et de ses dépendances seront perçus à l'administration du séquestre, nonobstant toutes saisies ou oppositions, et seront exclusivement appliqués aux besoins de tous les services de la Compagnie.

Art. 6. Les droits et les intérêts des actionnaires, des porteurs d'obligations et des tiers, sont et demeurent formellement réservés.

Art. 7. La Commission est chargée de convoquer, dans le plus bref délai, une Assemblée de tous les actionnaires *sans distinction*, de s'entendre avec ladite Assemblée pour la conservation des droits et des intérêts de la Société, de faire procéder à la révision des Statuts et à la reconstitution des pouvoirs sociaux.

Art. 8. Dans le cas où l'exécution du présent Arrêté serait entravée, le Gouvernement se réserve de révoquer immédiatement l'autorisation qui a constitué ladite Compagnie en société anonyme, et même de prononcer toute déchéance.

RAPPORT

FAIT

A LA RÉUNION DES ACTIONNAIRES ET PORTEURS D'OBLIGATIONS

LE 23 NOVEMBRE 1861, SALLE HERZ,

Au nom de la Commission nommée dans l'assemblée générale du 25 novembre 1860, et confirmée dans la réunion des actionnaires du 6 juin 1861.

Messieurs.

Lorsque, dans votre imposante réunion du 6 juin, vous renouveliez à la Commission nommée à l'Assemblée générale du 25 *septembre* les pouvoirs qui lui avaient été donnés pour maintenir l'intégralité de votre capital et rendre possibles et faciles les versements en retard et l'achèvement de la ligne entière, vous ne deviez pas vous attendre que Messieurs vos administrateurs et mandataires méconnaîtraient le vote unanime de la réunion la plus nombreuse jusque-là des associés de la Ligne d'Italie. Vous ne pouviez pas supposer que ces mandataires resteraient sourds aux salutaires avertissements formulés dans la décision de cette Assemblée. Vous ne pouviez pas prévoir qu'après avoir dédaigné vos conseils comme vos reproches, ils placeraient leurs prétentions et leurs calculs privés, les entraînements de leur vanité, au-dessus des conseils de la prudence, des exigences du devoir, des nécessités du salut social. Vous pouviez encore moins supposer que, résistant aux avertissements de l'État du Valais, comme ils avaient méconnu vos conseils, ils maintiendraient l'interruption des travaux, manqueraient à tous les engagements de la Compagnie envers les trois Gouvernements de Suisse, d'Italie et de France, et choisiraient précisément les tristes circonstances de cette situation déplorable, créée par eux, pour tenter l'exécution de cinquante mille actions, pour diminuer insi le capital social indispensable à l'entreprise et au salut de tous, pour fouler aux pieds les statuts, pour manquer à tous les devoirs des mandataires, jeter au Gouvernement devenu l'arbitre des destinées de la Compagnie l'outrage, le défi et la menace.

Vous ne pouviez pas surtout prévoir que ces mandataires porteraient l'aveuglement jusqu'à conduire ainsi la Compagnie à l'impossibilité de compléter son capital, d'achever le chemin, jusqu'à la jeter dans une situation presque désespérée, qui la met à la merci de trois gouvernements, comme au premier jour de sa fondation, puisque désormais elle ne saurait se reconstituer et se développer, conformément aux plans des fondateurs, que par les faveurs de ces gouvernements, qui seuls peuvent la relever des déchéances encourues en Suisse, en France et en Italie.

Voilà les tristes résultats de cette administration, qualifiée sévèrement sans doute, mais très justement par le Message que vous venez d'entendre.

Vous ne serez pas surpris que votre Commission n'ait pas été plus heureuse que l'État; il lui a été impossible d'obtenir même une conférence, et si les bureaux de la rue Laffitte n'étaient pas encore, à cette époque comme aujourd'hui, gardés par des agents, disant à tout venant, d'après leur consigne : *On n'entre pas, on ne passe pas*, on trouvait du moins des garçons de bureau qui ne laissaient pénétrer les membres de votre Commission qu'auprès des deux directeurs dont le concours nous était nécessaire et ne nous a jamais fait défaut.

Tous les efforts de ces Directeurs, toutes nos démarches ont été stériles pour obtenir le moindre rapport avec des mandataires qui, ayant un parti pris, s'étaient accoutumés à regarder la chose sociale comme leur propre chose.

Les travaux restaient en suspens et pourtant depuis quinze mois ces mandataires dévoraient en pure perte cent cinquante mille francs par mois, pris sur le capital; les luttes intestines, la guerre aux places, la guerre aux actionnaires, la guerre à leurs défenseurs, absorbaient toutes les séances du Conseil.

Les fondateurs de la ligne se consumaient en efforts impuissants pour obtenir la cessation de ces luttes, l'exécution des travaux, l'ajournement de toutes mesures de rigueur contre les actionnaires, du moins jusqu'à la régularisation de la Compagnie en Suisse, en Piémont et en France.

Le Conseil restait sourd à tous les appels, à tous les avertissements, il entravait par tous les moyens possibles l'action de la Direction, et ajournait sans cesse les mesures les plus urgentes et portait le désordre et l'anarchie dans tous les services.

Vous comprenez, messieurs, qu'il ne restait plus à votre Commission d'autres ressources, pour défendre vos intérêts, pour arrêter la Compagnie sur la pente rapide qui la conduisait à l'abîme, que la protection des Tribunaux et du Gouvernement qui vous a constitué en Société anonyme.

Les délégués de votre Commission, quelques jours après votre séance du juin, sont partis pour la Suisse, accompagnés de trois membres de votre Assemblée et de trois commissaires adjoints : MM. Vitu, de Nossay et Lelarge ; arrivés à Berne, la députation a reçu du président du Conseil d'Etat, M. Allet, l'accueil le plus bienveillant, le plus sympathique ; elle a pu se convaincre combien cet homme d'État si éminent portait sa sollicitude sur tous vos intérêts, et comment le gouvernement du Valais unissait dans sa pensée, dans ses préoccupations, les intérêts des actionnaires et ceux du pays.

Dans les audiences que nous a données le président du Pouvoir exécutif à Berne, comme dans les investigations qu'il nous a été permis de faire à Berne, à Genève, sur les bateaux à vapeur et sur la Ligne, nous avons pu apprécier toutes les causes qui ont arrêté le développement de la Compagnie et qui ont compromis jusqu'à son existence.

Nous consignerons toutes ces causes dans notre Rapport à la prochaine assemblée générale, mais dès à présent nous pouvons dire, ainsi d'ailleurs que le déclare avec tant d'autorité le Message voté à l'unanimité par le Grand-Conseil du Valais, nous pouvons dire avec une profonde conviction, que c'est à la majorité du conseil frappé et révoqué par ce Message que doit incomber la responsabilité si désastreuse pour la Compagnie ; que c'est à cette majorité qu'il faudra demander compte des pertes que nous avons subies et des périls qui nous menacent encore.

Nous nous bornerons, dans ce rapport, à esquisser à grands traits les faits qui se sont produits depuis le 6 juin, date de la réunion dans laquelle, avec une si bienveillante unanimité, vous avez étendu les limites de notre mandat du 25 septembre.

Vous n'avez pas oublié, messieurs, que votre Commission n'a jamais envisagé la question des 50,000 actions en retard, autrement qu'au point des intérêts généraux, et n'a jamais pensé à vous proposer des solutions qui ne concilieraient pas tous ces intérêts.

Tous les membres de votre Commission, comme les deux fondateurs de la Ligne d'Italie, sont bien convaincus :

1° Que le maintien du capital intégral est une garantie que l'on n'a pas le droit d'enlever aux obligationistes ;

2° Que ce maintien du capital est aussi nécessaire aux traités à régulariser avec les trois Gouvernements qu'à la formation du capital complémentaire, sans lequel aussi il vous deviendrait impossible d'exécuter, envers ces trois Gouvernements, tous les engagements de la Compagnie.

Il est difficile d'admettre que la majorité de l'ancien Conseil d'Administration ait jamais su, ou voulu comprendre, ou envisager le but vers lequel il fallait diriger la Compagnie, car l'on ne trouve, ni dans les procès-verbaux, ni dans les publications répandues à profusion dans ces derniers temps, on ne trouve nulle part la trace des moyens préparés pour répondre aux justes réclamations des obligationistes, ni pour remplacer le capital si légèrement retranché par l'exécution des 50,000 actions en retard, on cherche en vain l'exposé d'un système quelconque combiné par cette majorité de l'ancien Conseil, pour assurer l'achèvement de la ligne et le payement des coupons. Plus on étudie les écrits, les devis, les actes de vos anciens administrateurs, plus on est convaincu qu'ils ont obéi en aveugles ou à d'injustes ressentiments, ou à des craintes excitées par les responsabilités encourues. Quelle autre explication donner de ces refus de communication, et surtout de l'adoption de ces mesures désastreuses dont ils n'ont pas aperçu les issues, aussi fatales pour eux que pour la Compagnie.

Malgré toutes les instances des deux fondateurs de la Ligne d'Italie, l'opinion unanime des Conseils ordinaires de la Compagnie et de deux éminents jurisconsultes, MM. Marie et Hébert; malgré l'avis des principaux avocats de Genève et du Valais, malgré les offres de versements successifs et à termes, la majorité du Conseil, après avoir refusé même d'entendre vos délégués, a décidé que les 52 mille actions en retard seraient exécutées le 6 août dans une seule bourse, et qu'avant même cette exécution, les actionnaires en retard auraient perdu leur qualité d'associés et seraient exclus de l'Assemblée générale prochaine.

Vous avez vu pendant plusieurs jours la quatrième page des journaux entièrement remplie par les listes des 50 mille titres condamnés, les actionnaires bien entendu payant tous les frais de cette hécatombe.

Nous avons demandé aux tribunaux de Genève, l'un des sièges sociaux, protection contre une exécution qui menaçait tous vos intérêts. Deux des fondateurs se sont joints à votre Commission dans l'instance engagée.

La majorité de l'ancien Conseil a essayé de gagner du temps, de repousser la compétence du Tribunal, sans doute pour ne laisser à la justice que le soin de prononcer sur des faits accomplis.

L'ancien Conseil a perdu son premier procès, et malgré les moyens dilatoires, le Tribunal arbitral a été constitué. C'est après cet échec que la majorité de ce Conseil s'est permis de suspendre le Vice-Président et les deux Directeurs de la Compagnie, c'est là un expédient assez commode pour se débarrasser du contrôle des minorités.

Mais l'on était à la veille *du* 6 *août*, la vente des actions une fois opérée pouvait créer de graves complications pour la Compagnie et amener de longs débats entre les acquéreurs et les exécutés. L'intervention de l'Etat du Valais pouvait seule conjurer un tel péril social, le gouvernement l'a bien compris; et, par un arrêté, il a désapprouvé les nouveaux actes du Conseil d'administration.

Le Message donne l'historique de ces négociations, et la lecture qui vous en a été faite a déjà commencé à éclairer vos esprits et vos consciences, et rendra notre tâche plus facile.

L'arrêté souverain du gouvernement du Valais et son message n'ont pas été plus respectés par vos anciens administrateurs, qu'ils n'avaient obéis aux décisions prises dans votre assemblée générale du 25 septembre 1860. Ils ont même poussé l'oubli des convenances, l'aveuglement de la passion jusqu'à répondre à celui de nos collègues, membre de la Commission par vous élue, qui a produit ce message à la réunion illégale du 28 septembre dernier, que Message et arrêtés étaient bons à jeter à la rue. Une telle conduite, messieurs, il faut le dire, de telles violences expliquent bien des faits passés.

Rien ne pourra plus vous étonner maintenant quand nous vous dirons à quelles extrémités se sont portés vos anciens administrateurs pour maintenir leurs pouvoirs, échapper à votre contrôle, et obtenir d'un petit nombre d'actionnaires organisé par eux un bill d'indemnité qu'ils savaient bien ne devoir pas leur être accordé par la société tout entière.

Nous avons parcouru le dossier de tous les documents qui se rattachent à l'Administration passée, nous avons examiné et approfondi beaucoup de faits vous intéressant, et nous aurons à constater, lors de votre réunion prochaine officielle, toute leur gravité. Qu'il nous suffise, quand à présent, de vous dire que vous chercheriez vainement rien d'aussi irrégulier dans les annales des plus déplorables Compagnies qui ont existé jusqu'à ce jour.

Vous avez vu, dans le Message, que les délégués de la majorité du Conseil avaient essayé de paralyser l'intervention de l'État comme ils s'étaient efforcés de faire traîner la procédure à Genève. Ils voulaient gagner le 6 août, date fixée pour l'exécution des 50,000 titres en retard, le 4 août encore, après avoir annoncé plusieurs fois leur arrivée, ils demandaient au Gouvernement de s'abstenir jusqu'à leur venue.

L'État n'a pas accueilli ces moyens dilatoires, et vous avez vu comment le 5 août, il vous accordait sa toute-puissante protection.

Le Conseil d'État avait évoqué l'examen des différends survenus au sujet de l'exécution des actions, exécution diminuant le capital social que le gouvernement suisse avait qualité pour maintenir dans son intégralité. Il avait qualité aussi pour s'opposer à la violation des Statuts et pour maintenir dans l'administration les personnes qui lui inspiraient le plus de confiance.

L'Arrêté du pouvoir exécutif ne pouvait être soumis à la justice arbitrale à Genève, les arbitres paraissaient l'avoir compris eux-mêmes, puisque, dans l'instance poursuivie par la majorité du Conseil et dans la seule et très courte audience donnée aux parties, ces arbitres ont formellement écarté du débat toutes les questions qui ne seraient pas le versement des actions et la composition de la prochaine assemblée générale. Il est permis de s'étonner que leur sentence n'ait pas été conforme à ce programme fixé par eux-mêmes ; il est encore plus à regretter qu'au commencement de ce mois de novembre, après le Message et l'Arrêté de l'État, qui met fin au pouvoir des anciens administrateurs, à leur qualité pour représenter la Compagnie, ces mêmes arbitres sans tenir compte du Message, de l'Arrêté d'un Gouvernement souverain, sans s'arrêter aux protestations des avocats, sans appeler même les parties, sans appeler surtout les nouveaux représentants de la Compagnie, sans avoir entendu et reçu d'autres dires que ceux des anciens administrateurs, et alors que l'arbitrage était expiré de fait, qu'une nouvelle instance était engagée que des jugements étaient prononcés au véritable siége social, il est regrettable, disons-nous, que ces arbitres aient rendu une deuxième sentence qui prononce évidemment par défaut la confiscation de six milions d'actions et les modifications statutaires qui sont de la compétence seule de l'État.

Les anciens administrateurs se sont placés singulièrement en dehors de la vérité lorsqu'ils ont dit et écrit que la sentence des arbitres et le tribunal du commerce de Genève leur avaient donné raison *sur tous les points*.

Ils ont, au contraire, perdu complétement leur premier procès devant le tribunal de commerce et ils ont été condamnés au dépens.

Sur les deux questions principales posées devant les arbitres, les seules sur lesquelle ils avaient permis les plaidoiries, la plus importante a été jugée contre les anciens administrateurs, puisque l'exécution des actions non entièrement libérées a été annulée; la seconde, l'interdiction de faire partie de la prochaine Assemblée, a été conforme à la demande des anciens administrateurs, qui avaient oublié sans doute que, jusqu'à la vente des actions, leur devoir de mandataires leur imposait l'obligation de laisser les associés jouir de leur qualité.

Leur interdire d'avance, comme exercice de leurs droits, l'entrée de l'assemblée générale, c'était leur fournir un juste motif de refuser les versements, surtout lorsque les 300 fr. réclamés par action ne leur auraient donné qu'un titre d'une valeur de 150 fr.

Lorsqu'il était soutenu de toutes parts que cette dépréciation excessive venait de l'administration *inqualifiable*, si sévèrement condamnée par le Message, comment les administrateurs n'ont-ils pas redouté de provoquer, au lieu des versements, des demandes de remboursement? Rien n'a pu les arrêter, pas même les significations faites par les obligationistes, qui déclaraient exiger le remboursement de leur prêt, si l'on diminuait leur gage, si l'on anéantissait une créance de six millions, qu'une plus intelligente administration pouvait rendre recouvrables en relevant le cours des actions.

Le tribunal de commerce de Genève a confirmé l'interdiction d'exécuter les actionnaires. Il a réformé la sentence, au sujet de l'exclusion des actionnaires non libérés, de l'assemblée générale, déclarant qu'il n'y avait d'exclus que les sept personnes en cause, désignées dans la sentence. Ainsi, les anciens administrateurs qui ont essayé de donner le change à l'opinion publique sur la sentence de Genève et sur les jugements du Tribunal de commerce, ont subi un échec sur les deux questions principales qui avaient été admises au débat devant les arbitres.

Il faut reconnaître que les arbitres avaient concentré tous les pouvoirs de la Compagnie, jusqu'à l'assemblée générale, aux mains du Conseil d'administration; nous n'avons jamais pu comprendre pourquoi, depuis, ils ont jugé, sans appeler les parties, une question qu'ils avaient expressément écartée, et comment, en donnant tort à la majorité du Conseil sur l'exécution des actionnaires, ils avaient remis exclusivement entre leurs mains le sort de ces mêmes actionnaires.

Quoi qu'il en soit, cette question est devenue sans importance depuis l'arrêté de l'État du Valais. Il n'y a plus ni Conseil d'administration, ni Comité de direction, et la Société est représentée, depuis le mois de septembre, par une Commission de séquestre. Il est assez difficile de comprendre comment les anciens administrateurs, prenant une qualité qu'ils n'ont plus, ont pressé à Genève, au nom de la Compagnie, un prononcé de sentence, pendant que, devant les tribunaux du Valais, ils employaient tous les moyens dilatoires et épuisaient toutes les contumaces pour prolonger les délais.

Il est encore plus difficile de comprendre comment des arbitres ont pu prononcer sur des intérêts aussi considérables sans appeler les parties et sans tenir compte des protestations des avocats; comment ils ont pu même prononcer une condamnation de cent mille francs, en acceptant complaisamment des conclusions contre une nouvelle partie qui n'était pas même en cause, et pour un litige engagé dans une autre instance par cette même partie. Nous nous sommes empressés de déférer ces sentences à l'examen du Tribunal d'appel.

Vous connaissez suffisamment maintenant les anciens administrateurs qui se sont enfermés rue Laffitte comme dans une citadelle où se dépense et se diminue en pure perte votre capital social, ainsi que le déclare le Message. Vous savez quels ont été les torts de cette administration, quels sont les périls qu'elle vous a créés; vous savez combien de temps a duré l'interruption de vos travaux, de quelles dépenses stériles vous avez à vous plaindre. Vous savez comment les services les plus importants ont été livrés au népotisme, et comment les intérêts sociaux sont sacrifiés depuis plusieurs années aux calculs privés, aux passions personnelles.

Il demeure évident pour tous que l'intervention de l'Etat du Valais nous a préservés d'un désastre certain. Il suffit de lire le Message et l'arrêté pour être convaincu des intentions bienveillantes du Gouvernement du Valais et pour avoir une entière confiance dans les mesures qu'il prendra, d'accord avec les Gouvernements de France et d'Italie, pour assurer l'achèvement complet de la ligne internationale d'Italie.

Vos adversaires ont soutenu que le Gouvernement n'avait mis le séquestre sur la Compagnie que pour s'emparer du chemin, comme si la mesure du séquestre, telle qu'il l'a prise, n'indiquait pas de la manière la plus évidente qu'il ne voulait point user de ses droits rigoureux.

Pour être convaincu de ses intentions protectrices, ne suffit-il pas d'ailleurs de lire les termes mêmes du Message et de l'arrêté, et d'examiner comment il a composé la commission de séquestre? Il y a placé les deux fondateurs de la ligne, dont l'honneur est engagé à son achèvement. Il a placé encore dans cette commission le plus fort propriétaire des actions libérées de la Compagnie, et qui a versé pour sa part dans l'actif social deux cent mille francs. Il y a placé un financier éminent, le directeur de la Banque cantonale, qui a su donner à cette banque, avec le concours du Gouvernement du Valais, une importance et un crédit qui, dans toute la Suisse, ne le cèdent en rien au crédit des plus grands établissements de banques d'Etat. Il y a placé enfin notre Président de la Commission du 25 septembre, vous donnant ainsi une nouvelle preuve de sa sollicitude pour vos décisions et vos intérêts.

Cette commission de séquestre, il faut lui rendre cette éclatante justice, a déployé une activité qui ne s'est jamais lassée, et, dans la lutte engagée avec les anciens administrateurs, elle a compensé par l'excès du travail les excès de dépenses et les prodigalités qui n'ont servi qu'à faire la guerre à vos intérêts.

Vous touchez, Messieurs, à un moment suprême, où, sous la protection de l'État suisse qui vous a donné vos premières concessions et homologué vos statuts, sous la protection aussi des deux grands gouvernements qui doivent compléter la ligne, sous la protection encore des tribunaux défenseurs du droit public, de l'autorité de la chose jugée, vous arriverez enfin au libre exercice de tous vos droits, à une Assemblée générale, sans exclusion contraire aux statuts. Vous arriverez à rentrer dans les débris de votre fortune si gravement compromise, dans les propriétés que vous possédez en Suisse, dans les concessions qui doivent les compléter, dans les capitaux destinés à remplir vos engagements, à consolider vos propriétés et à reconstituer l'administration nouvelle sous le patronage des trois gouvernements protecteurs de la ligne entière.

Les anciens administrateurs font encore tous leurs efforts pour égarer l'opinion publique, pour tromper les magistrats, pour en imposer aux gouvernements de France et d'Italie, maintenant surtout qu'ils ont acquis la conviction que les prétentions, les allégations, les calomnies, si longtemps prodiguées, n'ont plus aucun crédit en Valais et à Berne.

Le vote unanime du Grand-Conseil du Valais leur a prouvé que, sans distinction d'opinion, le patriotisme savait apprécier les persévérants efforts des fondateurs de la Ligne d'Italie. Le gouvernement fédéral n'a pas mieux accueilli les dires et prétentions de leurs détracteurs, et il n'a pas consenti, comme ils le prétendaient, à leur donner raison contre le gouvernement du Valais.

Enfin les Tribunaux du Valais, sans s'arrêter à tous les moyens dilatoires des avocats des anciens administrateurs et après avoir laissé épuiser toutes les instances de défaut, de contumace encourues volontairement par les anciens administrateurs, ils ont rendu un jugement définitif passé en force de chose jugée, définitif et sans appel comme les déboutés-congés du Tribunal de commerce en France.

Ce jugement a trop d'importance et doit exercer une trop grande influence sur vos destinées pour que nous ne l'insérions pas en entier à la suite de notre rapport.

Il ne manque plus à ce jugement qu'une dernière formalité.

Aux termes des traités de 1828, les jugements passés en force de chose jugée en Suisse sont exécutoires en France. Le Tribunal français ne peut refuser le visa d'exéquatur et les actionnaires pourraient, en toute confiance d'ailleurs, demander aux Tribunaux français, pour leurs intérêts compromis, la même protection donnée par le Tribunal du Valais. Cette protection ne pourrait leur faire défaut, au moindre examen des pièces officielles relatives à la Ligne d'Italie.

Si jamais une enquête était faite, si jamais l'on déroulait devant la justice tous les actes de cette administration, si l'on comptait les pertes occasionnées à la Compagnie, si l'on jugeait les fautes lourdes qui ont été commises, les anciens administrateurs trouveraient sans doute devant les Tribunaux, comme auprès des Gouvernements, un blâme et des condamnations sévères.

Dans quelques jours, au 5 décembre, se réunit l'Assemblée officielle des actionnaires, dont les anciens administrateurs s'efforcent d'empêcher la réunion par tous les moyens en leur pouvoir. Cette Assemblée, la seule légale en vertu des statuts de l'acte législatif d'un État souverain et d'un jugement passé en force de chose jugée, doit décider de l'existence même de la Société.

L'union qui doit régner dans l'Assemblée d'aujourd'hui, les opinions qui y trouveront des sympathies seront d'un grand poids sur les décisions de l'Assemblée officielle du 5 décembre, et exerceront une grande influence sur l'intervention bienveillante de l'État suisse qui a déjà donné à la Compagnie une protection si efficace.

Elles auront aussi une grande influence sur les démarches que vous aurez à faire faire pour reconquérir auprès des gouvernements de France et d'Italie la bienveillante protection, si gravement ébranlée par les retards, les désordres, les fautes de l'administration passée.

Il faut vous placer sous la protection de ces trois Gouvernements; la ténacité de vos adversaires réclame toute votre énergie, les conseils du Gouvernement suisse vous demandent une grande union.

Votre Commission vous supplie, Messieurs, de ne point vous laisser détourner du but qu'il faut d'abord atteindre; l'approbation de la mesure protectrice que vous devez à la bienveillance du Gouvernement du Valais, la conquête de l'exercice de vos droits, la réorganisation de votre administration et les réformes statutaires qui vous permettront de compléter votre capital, d'achever votre ligne entière, de continuer sans péril le payement des coupons et l'amortissement des obligations.

La Commission du 25 septembre, représentée en ce moment dans la Commission de séquestre par son président, a été assez heureuse avec le concours actif des deux fondateurs de la Compagnie pour empêcher l'anéantissement des six millions qui se rattachent à l'existence des 50 mille actions, à la conservation de tous les intérêts engagés dans la Compagnie pour tous les intérêts, pour obtenir la réunion d'une Assemblée générale complète, pour faire suspendre toute déchéance encourue. Elle n'a point à regretter des fatigues passées si elle obtient vos suffrages dans l'accomplissement de son mandat, si l'Assemblée générale prochaine consolide l'œuvre préparée de la réorganisation de la Compagnie de la Ligne d'Italie.

JUGEMENT DÉFINITIF ET EXÉCUTOIRE

RENDU

PAR LE TRIBUNAL DU DISTRICT DE MARTIGNY.

AU CIVIL

Composé de MM. Joseph-Antoine Tavernier, de Martigny-Bourg, président; Germain Ganioz, de Martigny-Ville, juge, et Pierre-Marie Bender, de Fully, suppléant, celui-ci en remplacement, dans la hiérarchie judiciaire, des autres membres absents et empêchés, assisté du greffier soussigné, de Martigny-Ville, réunis dans le domicile de son président, à Martigny-Bourg, le cinq novembre mil huit cent soixante-un;

A porté le *jugement contumaciel suivant :*

ENTRE

M. l'avocat CRETTON, domicilié à Martigny-Bourg, mandataire de la Commission de séquestre ou régie provisoire représentant la Société des chemins de fer, Ligne d'Italie, instituée par arrêté de l'Etat du Valais, le 23 septembre dernier, d'une part;

ET

L'*ancien Conseil d'administration* de la même Compagnie, soit MM MONTERNAULT, ACHILLE MORISSEAU, BLACQUE-BELAIR, comte de BOURMONT et leurs autres collègues *qui prétendent la représenter*, d'autre part.

FAITS :

La Commission de séquestre sus relatée a, en vertu de l'Arrêté de l'Etat du Valais, du 23 septembre 1861, fait signifier à l'ancien Conseil d'administration du chemin de fer, Ligne d'Italie, la teneur de cet Arrêté, avec invitation de s'y conformer, ce qui a été surabondamment réclamé par un Mémoire déposé au greffe du tribunal le 9 octobre dernier. Les membres dudit ancien Conseil, au lieu de satisfaire à cette juste réquisition, se refusent à nantir la Commission de séquestre des fonds, valeurs, livres, correspondances et matériel quelconque appartenant à la Compagnie, soit en Suisse, soit à l'étranger, et *il résulte de leurs actes l'intention bien formelle de prétendre représenter encore, malgré le séquestre provisoire, la Compagnie du chemin de fer, Ligne d'Italie;*

Vu le Mémoire et les conclusions du mandataire de la régie, déposés au greffe le 9 octobre dernier;

Vu l'Arrêté de l'Etat du Valais, du 23 septembre 1861;

Vu l'acte de concession du 22 janvier 1853, article 3;

Vu les Statuts de la Compagnie, Ligne d'Italie, article 2;

Vu les articles 166, 167 et 168 du Code de procédure civile;

Vu aussi l'article 87 du même Code;

Vu la procuration du 7 octobre 1861, passée à M. l'avocat Cretton par la Commission de séquestre;

Vu le jugement du 29 octobre dernier, qui consacre la validité des deux contumaces encourues par les membres de l'ancien Conseil d'administration de ladite Compagnie, et notifiées les 17 et 22 octobre derniers;

Attendu que la compétence du Tribunal siégeant ne peut être contestée, en vertu des articles suscités de l'acte de concession et des Statuts de la Compagnie;

Considérant que l'Arrêté de l'État du Valais, du 23 septembre 1861, doit recevoir sa pleine et entière exécution ;

Considérant que les Statuts de la Compagnie du chemin de fer de la Ligne d'Italie ont été homologués par l'État du Valais ;

Considérant qu'en suite de l'Arrêté de l'État du Valais, du 23 septembre dernier, l'ancien Conseil d'Administration et le Comité de Direction n'existent plus; que leurs actes sont frappés de nullité ; que les délibérations provoquées par eux sont illégales et contraires au droit souverain de l'État qui a homologué les Statuts de la Compagnie;

Considérant que la Société anonyme du chemin de fer, Ligne d'Italie, n'a d'existence qu'en vertu de l'homologation que l'État du Valais a donnée à ses Statuts; que par le fait elle est régie par la loi du Valais ;

Juge et prononce par contumace :

1° Que les défendeurs, anciens membres du Conseil d'administration, n'ont pas actuellement le droit de représenter la Compagnie du chemin de fer, Ligne d'Italie; que ce droit appartient à la Commission de régie ;

2° Qu'à teneur de l'article 2 de l'Arrêté de séquestre, il soit fait remise aux commissaires du séquestre, soit par les défendeurs, soit par tous autres dépositaires, de tout l'actif, fonds, valeurs, livres, correspondances et avoir quelconques appartenant à la Compagnie, et situés soit en Suisse, soit à l'étranger, et notamment des locaux de Genève et Paris, et des bateaux à vapeur le *Simplon* et l'*Italie* ;

3° Qu'aux termes du même article 2 il sera fait par les commissaires un inventaire de tous les avoirs de la Société ;

4° Que tous les produits directs et indirects du chemin de fer, Ligne d'Italie, seront perçus par les commissaires du séquestre ou leurs agents, et ce, nonobstant toute saisie, arrêt ou opposition ;

5° Que l'assemblée d'actionnaires, tenue à Paris le 28 septembre dernier, est nulle et non avenue, comme illégalement composée et tenue au mépris de l'Arrêté du séquestre ;

6° Que les commissaires au séquestre, en exécution de l'article 7 de l'arrêté du 23 septembre, convoqueront, dans le plus bref délai possible, une Assemblée générale des actionnaires, sans distinction des actions libérées ou non libérées ;

7° Que toutes les clauses dudit Arrêté doivent recevoir leur exécution, et attendu qu'il y a titre authentique dans l'Arrêté du 23 septembre, le présent jugement sera exécutoire par provision nonobstant appel ou opposition, en se conformant au dispositif de l'article 313 du Code de procédure civile.

8° Enfin, que les défendeurs sont condamnés aux frais du procès, l'action en dommages et intérêts à leur réclamer restant intacte.

Ainsi jugé à Martigny-Bourg, le 5 novembre 1861.

Signé : TAVERNIER, JUGE.

GAY, GREFFIER.

Le président du Tribunal au civil du district de Martigny, à l'*ancien Conseil d'administration* du chemin de fer, Ligne d'Italie, ci-devant désigné, au domicile élu chez M. le docteur Claivaz, à Martigny-Ville, et surabondamment pour être notifié au siége social à la Banque cantonale à Sion.

L'avocat Cretton, domicilié à Martigny-Bourg en sa qualité prise au procès, vous fait notifier le jugement qui précède, *vous laissant trois jours pour vous en relever, terme abrégé par nous d'urgence.* Martigny-Bourg, 6 novembre 1861; pour être notifié à Martigny par l'huissier spécialement délégué, Pierre Gay.

Signé : TAVERNIER, PRÉSIDENT.

Notifié par affiche d'un double du présent à la porte du bureau de la Compagnie la Ligne d'Italie, au domicile de M. Claivaz, 3e étage, à Martigny, le 6 novembre 1861, à onze heures du jour, le bureau étant fermé.

Signé : PIERRE GAY, HUISSIER.

Vu l'absence de MM. les intimés ci-dessus, j'ai notifié par le double laissé à M. Stucki, directeur de la Banque cantonale.

Sion, le 6 novembre 1861, à quatre heures du jour.

Signé : AUG. ULRICH, HUISSIER.

Le président du Tribunal du district de Martigny, certifie conformes aux originaux les copies qui précèdent.

Il déclare, de plus, que l'ancien Conseil d'administration ne s'étant pas relevé du jugement contumaciel qui précède, en date du 5 novembre courant, celui-ci est déclaré exécutoire.

Martigny-Bourg, 11 novembre 1861.

Signé : TAVERNIER, PRÉSIDENT.

Vu pour légalisation de la signature de M. Tavernier, président.

Sion, 10 novembre 1861.

Les présidents du Conseil d'Etat absents,

Le conseiller d'Etat,

Signé : DE SEPIBUS.

Vu à la légation de Suisse en France, pour légalisation du sceau et de la signature ci-dessus de M. de Sepibus.

Paris, 13 novembre 1861.

Signé : DELLEY.

Le Ministre des Affaires étrangères certifie véritable la signature de M. Delley.

Paris, le 14 novembre 1861.

Par autorisation du Ministre,

Pour le sous-directeur chef de la chancellerie,

Signé : DUBOIS.

Enregistré à Paris, le 15 novembre 1861, folio 108, r. c. 3, reçu seize francs cinquante centimes, décime compris.

Signé : (ILLISIBLE).

www.ingramcontent.com/pod-product-compliance
Ingram Content Group UK Ltd.
Pitfield, Milton Keynes, MK11 3LW, UK
UKHW021214230726
13926UKWH00003B/1023